世界最高の
人生指南書

論語

人生に革命を起こす
最強の生き方

守屋洋
moriya hiroshi

SB Creative

人《ひと》の生《い》くるや直《なお》し。

人之生也直。

人間はまっすぐに
生きるものだ。

まっすぐに、
ありのままに、
本音で生きる。

解けない問題ばかりの
この時代に、
我々は、
いかに生き抜く
べきなのか。

人間の基本が、
試される時がきた。

まえがき

近ごろ「人間学」ということばを目にしたり耳にしたりするようになった。どういう意味なのか、もう一つ定かではないが、仮に「人間として生きていくための知恵や覚悟」を指しているなら、その教科書として『論語』がもっとも適しているのではないか、と思う。

現に『論語』は、昔からそういう読まれ方をしてきた古典なのである。今でこそ少なくなったようだが、つい近年まで、「あなたの座右の書はなんですか」と聞かれると、この古典をあげる人が多かった。

現代は価値観が多様になって、どう生きていけばよいのか、悩みは尽きない。だからこそ、生きていくための心の拠《よ》り所というか、人間としてぶれない軸がほしいところである。

そういう意味でも『論語』はもっと読まれてもいいのではないか。

『論語』は、孔子という人物の言行をまとめた古典である。孔子その人が折にふれ

まえがき

て語ったことばや、弟子たちと交わした問答を中心に全部で五百くらいの短い文章が収められている。

別にむずかしい理屈をこねているわけではない。ほとんどが日常の生活や仕事についての実践的なアドバイスから成っている。そういう点から言っても、人間学の教科書としてうってつけなのである。

孔子という人は、普通「聖人君子」として語られることが多い。たしかに孔子は君子をめざして精進しているし、弟子たちにもそれを望んでいる。後世の人々から「聖人」とあがめられてきたのも当然であったかもしれない。

しかし、若いころの私はそのあたりに抵抗感を覚え、「偉い人から堅苦しいお説教を聞かされるのはかなわんなあ」という思いが強く、敬して遠ざかっていた。ところが、必要に迫られて読んでみたら、偉い人にはちがいないが、けっして恵まれた育ち方をした人物でないことがわかったのである。いや、それどころか、生きていくための苦労をたっぷりと嘗《な》めながら育っているし、世に出てからも長いこと下積みの生活に甘んじているのだ。

当然、そういう苦労のなかで、人間を見る目も磨かれていったであろうし、生きていくための知恵も身につけていった。また、この人が稀《まれ》な人間通になりえたのも、そういう苦労の賜物であったと言ってよい。

ただし、孔子はただの苦労人ではなかった。真正面から人生と向き合っているのだ。現実にもまれながらも理想を貫き通しているし、理想を掲げながらもしっかりと現実を踏みしめているのである。

そういう意味では、人生の正統派と言ってもよいだろう。

そういう人物がわれら後進のために残してくれたのが『論語』なのである。

現代は、正統派にとっては生きにくい時代である。せっかくの人生を意味のあるものにするためにも、孔子の実践的なアドバイスに耳を傾けてみよう。

二〇一七年二月

守屋洋

もくじ

序章 孔子という生き方

第一章

志を掲げ、まっすぐに生きる

第二章

真の知性を身につけ、かしこく生きる

第三章

人と人との間でよりよく生きる

第四章

大切なことに力を注ぎ、情熱的に生きる

第五章

壁を乗り越え、たくましく生きる

第六章

人の心を掴み、力強く成功をめざす

主な登場人物

顔回《がんかい》……孔子の門人。学才・徳ともに高く、最も期待されていた。顔淵ともいう。

季文子《きぶんし》……魯の国の重臣。

堯《ぎょう》・舜《しゅん》……古代の理想的な聖天子。

蘧伯玉《きょはくぎょく》……春秋時代の衛の国に仕えた重臣。

孔子《こうし》……春秋時代の思想家。名は丘、字は仲尼。

子夏《しか》……孔子の門人。学者肌のまじめな人物で、礼の形式を重視した。

子貢《しこう》……孔子の門人。弁舌・政治力に優れていた。

子張《しちょう》……孔子の門人。才覚に恵まれるも、やや度の過ぎるところがあった。

子游《しゆう》……孔子の門人。魯国の武城の宰となり、善政を行なった。

葉公《しょうこう》……楚の国の葉という地方の長官。

子路《しろ》……孔子の門人。季路、由ともいう。勇み肌で率直な人柄であった。

冉求《ぜんきゅう》……孔子の門人。冉有ともいう。行政に手腕を発揮した。

仲弓《ちゅうきゅう》……孔子の門人。下賤の出でありながら、君子の器と評された。

定公《ていこう》……魯の国の君主。

樊遅《はんち》……孔子の門人。理解力がやや鈍く、孔子の御者をつとめた。

武王《ぶおう》……文王の子。周王朝を立てた。

冕《べん》……盲目の楽師。

孟子反《もうしはん》……魯の国の勇士。

序章

孔子という生き方

孔子と聞くと、
なんとなく堅苦しい人物を連想するかもしれない。
実際は、誰よりも人間関係に悩み葛藤し続けた、
人生の苦労人であって、
意外にさばけた人物であった。
『論語』の世界に参入する前に、孔子とはどんな人物で、
どんな生涯を送ったのか、
かいつまんで見ていこう。

一、苦難続きの人生

吾《われ》、十有五《じゅうゆうご》にして学《がく》に志《こころざ》す。三十《さんじゅう》にして立《た》つ。四十《しじゅう》にして惑《まど》わず。五十《ごじゅう》にして天命《てんめい》を知《し》る。六十《ろくじゅう》にして耳順《みみしたが》う。七十《しちじゅう》にして心《こころ》の欲《ほっ》する所《ところ》に従《したが》いて矩《のり》を踰《こ》えず。

▼吾十有五而志于学。三十而立。四十而不惑。五十而知天命。六十而耳順。七十而従心所欲、不踰矩。（為政篇）

私は十五歳のとき、学問によって身を立てようと決意した。三十歳で自立の基礎を固めることができた。四十歳になって自分の進む方向に確信が持てるようになった。五十歳で天命を自覚するに至った。六十歳になって、人の意見に素直に耳を傾けられるようになった。七十歳になると、自分の欲するままに振る舞っても、ハメをはずすことはなくなった。

◉ほとんど独力で学ぶ

孔子が晩年になって自分の人生を述懐したことばである。いささか抽象的な言い方なので、少し補っておこう。

まず「十有五にして学に志す」である。

たぶん、読み書きの手ほどきくらいは母親から受けたのであろうが、あとはほとんど独学であったらしい。

これについて、のちに子貢《しこう》という弟子が、ある人物から、「あなたの先生はどんな人について学問を教わったのですか」と聞かれて、こう答えている。

「夫子《ふうし》焉《いずく》にか学《まな》ばざらん。而《しか》してまた何《なん》の常師《じょうし》かこれあらん」（子張篇）

先生はどんな相手からでも学ばれました。誰か特定の人物を師として学んだわけではありません。

師について学ぼうとすれば、当時でもそれなりの謝礼を用意しなければならない。

孔子にはそんな余裕などなかった。だから、わからないところがあれば、知っていそうな方をたずねて教えてもらう、そんな勉強方法にならざるをえなかったのだ。

では、孔子は何を学ぼうとしたのか。

とりあえずは「礼」である。「礼」とは、冠婚葬祭から政治の制度や文物にまで及ぶ社会生活の規範である。

そういう点で孔子に幸いしたのは、生まれ育った魯《ろ》の国の環境である。魯という国は周の文王の子で、武王、成王の二代にわたって王朝の基礎固めにあたった周公旦《しゅうこうたん》の封じられた国である。だから、時を経たとはいえ、この国には周王朝の文物制度や文化の薫りが残っていた。これが孔子の勉強に有利に作用したことは想像に難《かた》くない。

◉下積みのなかで自分を磨く

こんな勉強を続けていった孔子は、しだいに「礼」に詳しい男だとして認められていったらしい。孔子自身もそれなりに自信を深めていった。それを語っているのが「三十にして立つ」である。

そのころのこととして、こんな話が伝えられている。

孔子が大廟で祭祀を手伝ったときのこと、式次第の細部までいちいち先輩に確かめてからとり運んだ。ある者がそれを見て、

「あの田舎者の若造めが。『礼』を知っているとは、とんでもない話だ。大廟の祭祀では、いちいち人にたずねていたではないか」

陰口をたたいたところ、それを聞きつけた孔子は、こう語った。

「いや、あのやり方こそが『礼』なのだよ」（八佾篇）

「大廟」とは魯《ろ》の国の始祖、周公旦を祭った社である。「これ礼なり」とは、万事手抜かりのないように、心をこめて慎重にとり運ぶことこそが「礼」なのだ、という意味であろう。

このやりとりから感じとれるのは、批判に動じない、秘めたる自信である。孔子は貧しい生活を送りながら、たゆまぬ努力によって勉強を続け、ここまで成長を遂げていったのだ。

やがて孔子は政治への参加を願うようになっていく。習得した「礼」の規範によって乱れた政治を立て直そうとしたのである。この思いはしだいに強くなっていったら

しい。「四十にして惑わず」とは、美空ひばりの「人生一路」の文句を引けば、「決めたこの道まっしぐら」といったところか。

だが、政治参加への道は厳しかった。当時、各国の政治を動かしていたのは、「卿《けい》・大夫《たいふ》」と呼ばれた貴族階級である。低い身分の者がそのなかに割って入っていくのは容易なことではない。

魯に見切りをつけた孔子は、隣国の斉《せい》に仕官の口を求めていったが、この就職活動もうまくいかなかった。時だけがいたずらに過ぎていく。

そのころの心境を語っているのが「五十にして天命を知る」である。

「天命」とは、人智を越えた天の意志である。人生にはどんなに努力し、どんなにじたばたしても、どうにもならない部分が最後に残る。それが「天命」にほかならない。

これを自覚するとは、二つの方向がある。一つは使命感に結びついていく積極的な方向、もう一つは運命論に傾いていく消極的な方向である。

孔子の場合はどちらだったのか。なにしろ当時の五十歳は、今の七十代にあたっている。自分の力の限界を悟りながらも、やれるだけのことはやろうと、みずからを奮い立たせていたのかもしれない。

◉辛酸を嘗《な》めてつかんだ好機

そんな孔子にようやくチャンスがめぐってきたのは五十二歳のときであった。学識を買われて、魯の国の「中都《ちゅうと》の宰《さい》」に登用されたのである。今ならさしずめ首都圏の長官といった役どころか。

これで治績《ちせき》をあげた孔子は、一年後、司空《しくう》（司法官）に任命され、さらに、国政の中枢とも言うべき大司寇《だいしこう》（司法長官）に抜擢された。そしてここでも時の君主・定公《ていこう》を補佐して一定の業績をあげたとされる。

だが、それも束の間、政界の権力闘争に巻き込まれて、不本意な辞任を余儀なくされてしまう。官途についてからわずか四年、五十六歳のときのことであった。

夢をあきらめきれない孔子は、わずかな弟子たちを引きつれて遊説の旅に出る。各国の君主たちや重臣たちに働きかけて、魯で果たせなかった夢を実現しようとしたのである。

旅は十四年にも及んだが、当時の孔子のことを「喪家《そうか》の狗《いぬ》（宿なし犬）のごとし」（『史記《しき》』孔子世家《こうしせいか》）と評した人もいたという。実際は流浪の旅に近かったのではないだろうか。

遊説を断念した孔子は故郷の曲阜《きょくふ》にもどり、もっぱら弟子の教育と古典の整理にあたりながら、紀元前四七九年に死去している。七十三歳であった。

駆け足で孔子の生涯をたどってきた。当時としては稀《まれ》な長命ではあったが、陽のあたる場所に出て活躍できたのはほんのわずかな間、あとはほとんどが苦難の人生だったのである。

ちなみに、「六十にして耳順う」、「七十にして心の欲する所に従いて矩を踰えず」という晩年の心境である。苦労を経験することによって人間として練れていったということであろうが、反面、「乃公《だいこう》、出《い》でずんば」（自分が出ずして、他の者に何ができるものか）という気魄《きはく》が歳とともに衰えていった、その表れであったのかもしれない。

二、貧しさのなかに育つ

大宰《たいさい》、子貢《しこう》に問《と》いて曰《いわ》く、「夫子《ふうし》は聖者《せいじゃ》か。何《なん》ぞそれ多能《たのう》なるや」。子貢曰《しこういわ》く、「固《もと》より天《てん》これを縦《ゆる》して将《まさ》に聖《せい》ならしめんとす。また多能《たのう》なり」。子《し》これを聞《き》きて曰《いわ》く、「大宰《たいさい》、我《われ》を知《し》れるか。吾少《われわか》くして賤《いや》し。故《ゆえ》に鄙事《ひじ》に多能《たのう》なり。君子《くんし》は多《た》ならんや。多《た》ならざるなり」

▼大宰問於子貢曰、夫子聖者与。何其多能也。子貢曰、固天縦之将聖。又多能也。子聞之曰、大宰知我乎。吾少也賤。故多能鄙事。君子多乎哉、不多也。（子罕篇）

呉《ご》の国の宰相が孔子の弟子の子貢にたずねた。

「あなたの先生は素晴らしい方ですね。なんでもおできになりますなあ」

子貢が答えた。

「むろんです。天の意志によってそういう域にまで育てあげられたお方です。なんでもおできになります」

あとでこのやりとりを聞いた孔子は、こう語った。

「あの宰相は私のことをよく知っているよ。私は若いころ身分も低く生活も貧しかった。それで、いろいろとつまらぬ仕事まで覚えたのだ。なんでもできるというのは、君子として誉められた話ではない」

ここで注目してほしいのは「吾少《わか》くして賤《いや》し」の一句である。身分の低い貧しい家で育ったというのである。

孔子、名は丘《きゅう》、字《あざな》は仲尼《ちゅうじ》。この人についてのもっとも古い、まとまった伝記は、孔子がなくなってから四百年ほどたってから書かれた『史記《しき》』の「孔子世家《こうしせいか》」である。

それによると、孔子は紀元前五五一年、魯《ろ》の国の都・曲阜の郊外にあった昌平郷《しょうへいきょう》の陬《すう》という村里で生まれた。父親は孔紇《こうこつ》。魯の国の勇士として名をはせた人物だという。母親は顔《がん》氏。ただし、この二人の結びつきは、正式の手続きを踏まない「野合」によるものだとされる。この二人の親から生まれた孔子は、父親とは早くに死別し、もっぱら母親の手で育てられたのだという。

しかし、この出生譚については、疑問を投げかける声もある。たとえば、近年出版された白川静の『孔子伝』（中央公論新社、二〇〇三年）は、幾つもの根拠を示したあとで、

「孔子は巫女の子であった。父の名も知られぬ庶生子であった」

と言い切っている。

「巫女」とは、神に仕えて祭祀をとり行なう女性である。今でいう「みこ」とか「いたこ」に近い。そういう女性の私生児として生まれたのだという。

『史記』もまた、幼いころの孔子はよく神に供える供物を並べて遊んでいた、と記している。この記述なども、孔子の生まれ育った環境をそれとなく暗示しているように思われるのだ。白川説のほうが実際に近いのではないか。

また、孔子はその母親にも十代のころに先立たれている。あとは独力で生活の手立てを講じていくよりなかった。食べていくためには、仕事の選り好みなどしている余裕はなかったのである。

孔子が二十代のころと思われるが、魯の家老職にあった季《き》氏に仕え、倉庫番や牧場

の番人をつとめたといわれる。与えられた職責は忠実に果たしたらしい。だが、これもまた生活を支えてゆくための生業《なりわい》の域を出るものではなかった。

孔子という人は、こういう下積みの苦労をたっぷりと嘗めながら育っていったのである。

そんな人物の足取りをもう少したどってみよう。

三、経済的な豊かさよりも

疏食《そし》を飯《く》らい、水《みず》を飲《の》み、肱《ひじ》を曲《ま》げてこれを枕《まくら》とす。楽《たの》しみまたその中《うち》に在《あ》り。不義《ふぎ》にして富《と》み且《か》つ貴《たっと》きは、我《われ》に於《お》いて浮雲《ふうん》の如《ごと》し。

▼飯疏食、飲水、曲肱而枕之。楽亦在其中矣。不義而富且貴、於我如浮雲。（述而篇）

粗末なものを食べ、白湯《さゆ》を飲み、腕を枕にゴロ寝する。こんな貧しい生活にも、おのずから楽しみがある。人の道を踏みはずしてまで手に入れた富や名誉は、私にとってはなんの意味もない。

孔子は、世俗的な意味ではけっして恵まれた人生を送った人ではなかった。生活も貧しかったらしい。だが、貧しさをいっこうに苦にしていないのである。それを語っているのがこのことばにほかならない。

なぜこういう余裕のある心境になることができたのか。孔子のことばを引けば、こうである。


「富が追求に価《あたい》するほどの値打ちを持っているものなら、どんな賤しい仕事についても、それを追求しよう。だが、それほどの値打ちを持たないなら、私は自分の好きな道を進みたい」（述而篇）

思うに、富は生活を充実させる上で欠かせない要素である。だが、それはあくまでも手段であって、目的ではない。したがって、一人の人間が一生を賭けて追求するほどの価値を持たないというのが、孔子の人生観であった。

では孔子は自分の生涯を何に捧げようとしたのか。

一言で言えば、しっかり学んで自分を磨き、やがて政治の場に立って世のため人のために尽くすということであった。

ただし、誤解のないように言っておくが、孔子といえども、頭から利益追求を否定しているわけではない。注目してほしいのは、「不義にして富み且つ貴きは」という一句である。「不義」とは、人の道を踏みはずすこと。人を泣かせたり、踏みつけにしたりして利益をあげるようなやり方を指している。

孔子はそんなやり方を嫌っているのだ。逆に言えば、まっとうな方法でまっとうな利益をあげることまでは否定していないのである。

こう言うと、四角四面な人間を連想されるかもしれないが、孔子という人は意外にさばけた一面も持っていた。

四、人生の本当の楽しみ

学《まな》びて時《とき》にこれを習《なら》う、また説《よろこ》ばしからずや。朋《とも》あり遠方《えんぽう》より来《き》たる、また楽《たの》しからずや。人《ひと》知《し》らずして慍《うら》みず、また君子《くんし》ならずや。

▼学而時習之、不亦説乎。有朋自遠方来、不亦楽乎。人不知而不慍、不亦君子乎。（学而篇）

習ったことを折にふれておさらいし、しっかりと身につけていく。なんと喜ばしいことではないか。心の通い合う友が遠路もいとわずにたずねてくる。なんと楽しいことではないか。人から認めてもらえなくても、そんなことは少しも苦にしない。これこそが本当の君子ではないか。

まず学ぶことの喜びであるが、何を学んだのかといえば、「礼」である。「礼」には「楽」が付きものであった。たとえば、もろもろの祭祀や儀式である。これには楽団演奏が伴った。孔子とその弟子たちはその専門家集団でもあった。だから折にふれておさらいし、技術の向上をはかったのである。

「また説ばしからずや」という一句から、おさらい会の和気藹々《わきあいあい》たる雰囲気が伝わってくるではないか。

次は、友と会う楽しみである。当時、意思の疎通をはかろうとすれば、会って話すよりほかになかった。これには大きなメリットがあった。互いに顔を突き合わせ、相手の表情を確かめながら語り合うことによって、理解も深まるし、人間を見る目も磨かれていったのである。まして親しい友人が遠くからわざわざたずねてきてくれたとなれば、楽しみもまた倍加したにちがいない。

現代の私どもはどうか。なまじスマートフォンとかメールといった文明の利器が普及したおかげで、この楽しみを失ってしまった。時の流れとはいえ、これでいいのかという思いもしないではない。

もう一つ、「人知らずして慍《うら》みず」であるが、認めてもらえないと嘆く暇があったら、認めてもらえるように、まず自分を磨くのが先決だ、というのである。

すでに見てきたように、孔子の生涯は、不遇の時期が長かった。孔子といえども、嘆いたり怨んだりしたくなるときもあったにちがいない。これはそういう人物の体験に根ざしたアドバイスなのである。それだけに説得力があるではないか。

五、こんな人間になりたい

顔淵《がんえん》、季路《きろ》、侍《じ》す。子《し》曰《いわ》く、「盍《なん》ぞ各爾《おのおのなんじ》の志《こころざし》を言《い》わざる」。子路《しろ》曰《いわ》く、「願《ねが》わくは車《しゃ》馬《ば》衣《い》軽裘《けいきゅう》、朋友《ほうゆう》と共《とも》にし、これを敝《やぶ》りて憾《うら》みなからん」。顔淵《がんえん》曰《いわ》く、「願《ねが》わくは善《ぜん》に伐《ほこ》るなく、労《ろう》を施《ほどこ》すなからん」。子路《しろ》曰《いわ》く、「願《ねが》わくは子《し》の志《こころざし》を聞《き》かん」。子《し》曰《いわ》く、「老者《ろうしゃ》はこれを安《やす》んぜしめ、朋友《ほうゆう》はこれを信《しん》ぜしめ、少者《しょうしゃ》はこれを懐《なつ》かしめん」

▼顔淵、季路侍。子曰、盍各言爾志。子路曰、願車馬衣軽裘、与朋友共、敝之而無憾。顔淵曰、願無伐善、無施労。子路曰、願聞子之志。子曰、老者安之、朋友信之、少者懐之。（公冶長篇）

弟子の顔回《がんかい》と子路《しろ》が側にいたときのこと、孔子が二人に語りかけた。

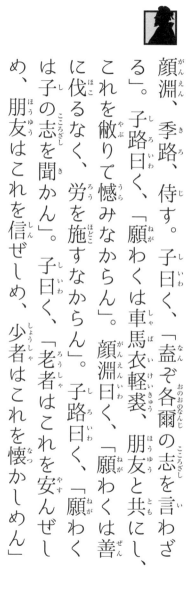

「どうかね。どんな人間になりたいか、ひとつお前たちの理想を聞かせてくれないか」

子路がすぐさま応じた。

「乗り物や衣服を友人に貸して、壊されたり破られたりしても、いっこうに惜しいとは思わない。そんなつき合いをしたいと思います」

顔回はこう語った。

「善行を誇らない。苦労を人に押しつけない。できれば、そういう人間になりたいと思います」

ここで子路が、

「今度は先生の理想を聞かせてください」とたずねたところ、孔子はこう答えた。

「年長者からは安心され、友人からは信頼され、年少者からは懐《なつ》かれる。そういう人間になりたい」


顔回は孔子門下の秀才で、貧しい生活に甘んじながらも、ひたむきに学問に打ち込み、将来を属望されていたが、孔子に先立ってなくなり、いたく孔子を悲しませている。

もう一人の子路はもっとも古参の弟子の一人。勇み肌の人物で、学のないところをさらけ出したり、出過ぎたまねをしたりして、しばしば孔子にたしなめられている。子路のほうも負けてはいない。納得のいかないことがあると、遠慮なく孔子に食ってかかっていく。師弟の枠を超えたようなこの二人の掛け合いが『論語』の魅力の一つになっていると言ってよい。

それはともかく、ここで孔子が目標とした人物像であるが、現代の組織に当てはめれば、こうなるかもしれない。

一、上司からは、安心して仕事をまかせてもらえる
一、同輩からは、信頼してつき合ってもらえる
一、部下からは、あの人となら一緒に仕事をしてみたいと慕われる

なるほど、これなら組織人としても最高のレベルであろう。また、こういう人物なら、仮にリーダーの地位についても、しっかりと組織をまとめてリーダーシップを発揮することができるにちがいない。

孔子のめざしたのはこういう人物であった。

このレベルに到達するには、ふだんから人間力に磨きをかけていくよりないのだが、では、どこをどう磨けばよいのか。孔子の体験にもとづいたアドバイスを紹介するのは後の章に譲って、ここではもう少し孔子の人柄について取りあげておこう。

六、臆せず、謙虚に

朝《ちょう》に下大夫《かたいふ》と言《い》えば、侃侃如《かんかんじょ》たり。上大夫《じょうたいふ》と言《い》えば、誾誾如《ぎんぎんじょ》たり。君《きみ》在《い》ませば、踧踖如《しゅくせきじょ》たり、与与如《よよじょ》たり。

▼朝与下大夫言、侃侃如也。与上大夫言、誾誾如也。君在、踧踖如也、与与如也。（郷党篇）

朝廷に参内したときの孔子は、末席の重臣たちと話すときには打ち解けた態度で接し、上席の重臣たちに対してはいささかも臆するところがなく、はっきりとものを言った。そして、君主がお出ましになると、うやうやしく迎えたが、不自然に固くなることはなかった。

孔子は、すでに述べたように、五十代の数年間、魯の国の要職に登用されて国政に参画している。このことばはそのときの勤務ぶりについて語られたものである。ちなみに、現代の組織に当てはめれば、「下大夫」は同僚や部下、「上大夫」は上役、「君」はトップということになるであろう。

朝廷でのつとめ方については、また、こうも伝えられている。

「その宗廟《そうびょう》、朝廷に在るや、便便《べんべん》として言い、唯《た》だ謹《つつし》めり」（郷党篇）

宗廟（王家の御霊屋《みたまや》）で祭祀をとり行なったり、朝廷で政務をとるときには、てきぱきと意見を述べた。そういう場合でも、態度はやはり丁重であった。

これらのことばから浮かんでくるのは、謙虚でありながら卑屈にならず、「礼」を尽くしながら筋を通し、主張すべきことはしっかりと主張した、そんな人物像である。これなら周りの支持が得られるばかりでなく、上の者の評価も高めることができるにちがいない。

これは現代の組織人にとっても大いに参考になるであろう。

こういう人物は一朝一夕にできあがるものではない。孔子はどうしてそういうレベルにまで自分を高めていくことができたのか。
一、苦労をバネにして人間力を磨いていった
一、豊かな学識を身につけていった
この二つが相俟《あいま》ってのことであった。

七、人に認められなくていい

子《し》曰《いわ》く、「我《われ》を知《し》るなきかな」。子貢《しこう》曰《いわ》く、「何《なに》すれぞそれ子《し》を知《し》るなからん」。子《し》曰《いわ》く、「天《てん》を怨《うら》みず、人《ひと》を尤《とが》めず。下学《かがく》して上達《じょうたつ》す。我《われ》を知《し》る者《もの》はそれ天《てん》か」

▼子曰、莫我知也夫。子貢曰、何為其莫知子也。子曰、不怨天、不尤人。下学而上達。知我者其天乎。（憲問篇）

「ああ、私を理解してくれる者はいない」

孔子が嘆くのを聞いて、弟子の子貢が慰めた。

「どうしてお嘆きになるのですか。けっしてそんなことはありません」

孔子はこう語った。

「いや、私は天を怨むこともなく人を責めることもなく、日常の問題から出発して、

ひたすら自分を向上させることにつとめてきた。そういう私を理解してくれるのは天だけであろうか、と思ったのだ」

孔子は学問を修めて政治に志し、みずからの理想を実現しようとしたものの、現実の厚い壁に阻まれて、期待したとおりの成果をあげることができなかった。それでも志を失うことなく、自分にできる範囲で、できるだけのことをしようと、常に前向きの姿勢で人生の大通りを歩み続けていく。

そういう孔子を支えていたのが、「天を怨《うら》みず、人を尤《とが》めず」であった。そして晩年になるにつれていよいよこの思いを深め、行き着くところ、天にすべてゆだねる、そんな心境に達していったらしい。

では、寂しい晩年であったのかと言えば、必ずしもそうではない。

八、頭をさびつかせない

飽食終日《ほうしょくしゅうじつ》、心《こころ》を用《もち》うる所《ところ》なきは、難《かた》いかな。博奕《ばくえき》なるものあらずや。これを為《な》すは猶《な》お已《や》むに賢《まさ》れり。

▼飽食終日、無所用心、難矣哉。不有博奕者乎。為之猶賢乎已。（陽貨篇）

腹一杯食べて、一日中ごろごろしている連中は、まったくどうしようもない。双六や囲碁などの遊びもあるではないか。そういうものでもしていたほうが、何もしないでいるよりも、まだましだ。

現代で言えば、囲碁、マージャンといったところか。なんでもいいから頭を使えというのである。

たしかに、頭というのは使わないとさびついていく。こういうものでも頭の体操に役立つということであろう。

食べて寝て、のんべんだらりと生きていたのでは、ボケるのも早いかもしれない。孔子のこのことばは、仕事に追われている現役世代よりも、われら後期高齢者へ向けたアドバイスとしてぴったりではないか。

孔子という人は、すでに述べたように、当時としては希《まれ》な長命であったが、記録で見るかぎりボケた形跡はない。あるいはみずからも気晴らしとして、時にはこんな遊びに興じることもあったのかもしれない。

それにしても、こういうたとえを持ち出してくるあたり、孔子という人はこちこちの堅物ではなかったようだ。意外にさばけた、物わかりのいい一面もあったのである。

九、全力で楽しむ

葉公《しょうこう》、孔子《こうし》を子路《しろ》に問《と》う。子路《しろ》対《こた》えず。子《し》曰《いわ》く、「女《なんじ》、奚《なん》ぞ曰《いわ》ざる、その人《ひと》となりや、憤《いきどお》りを発《はっ》して食《しょく》を忘《わす》れ、楽《たの》しみて以《も》って憂《うれ》いを忘《わす》れ、老《お》いの将《まさ》に至《いた》らんとするを知《し》らざるのみ、と」

▼葉公問孔子於子路。子路不対。子曰、女奚不曰、其為人也、発憤忘食、楽以忘憂、不知老之将至云爾。（述而篇）

葉公が子路に向かって、「あなたの先生の孔子とはどんな人物ですか」とたずねた。子路は答えることができなかった。あとでそれを聞いた孔子は、こう語った。「どうして言ってくれなかったのだ。気持ちが高ぶってくると、食事のことも忘れ

てしまう、楽しみに熱中していると、心配ごとも吹っとんでしまう、そして老い先の短いことにも気づかないでいる、そんな男だと」

孔子がみずから語った晩年の自画像である。

葉公とは、葉《しょう》という地方の長官で、孔子が晩年、諸国を遊説中に交渉を持った人物である、子路は孔子の弟子。葉公のもとを辞してきてから、そのやりとりを孔子に報告したのであろう。

それにしても、「気持ちが高ぶってくると、食事のことも忘れてしまう」とは、どういうことだったのか。

このころ孔子は遊説の旅のなかにあった。この旅はありていに言えば、仕官のチャンスを求めての旅でもあった。それについて、何かいい情報でも入ってきて、思わず心が躍った、ということであったのかもしれない。

では、心配ごとも吹っとんでしまうほどの楽しみとはどんな楽しみだったのか。

「朋あり遠方より来たる」のあの楽しみも当然含まれるであろう。あるいは楽器の演奏である。これについても孔子はプロ級の腕前であった。演奏だけではなく歌をうたうことも好きだったらしい。知らない歌を聞くと、何回か歌ってもらって自分も覚え、一緒に歌うのが常だったという。

酒は楽しみと言ってよいかどうかわからないが、孔子はこれも好きだったようだ。その飲み方は、

「酒は量なし、乱に及ばず」（郷党篇）

とある。

一晩にいくらと量を決めて飲むのではなく、そのときの気分で多めに飲むこともあれば少なめでやめておくこともあった。ただし乱れるほどには飲まなかったというのである。いい飲み方ではないか。

孔子の晩年は、こういう楽しみごとがあることによって、それなりに充実したものであったように思われるのである。

さて、人間孔子の人柄についていろいろな角度から見てきたのであるが、おしまいに序章の結びとして、弟子たちから見た孔子について二つのコメントを併せて取りあげておこう。

十、練り上げられた人格

子《し》は温《おん》にして厲《はげ》し。威《い》ありて猛《たけ》からず。恭《きょう》にして安《やす》し。

▼子温而厲。威而不猛。恭而安。（述而篇）

先生の人柄は、温かさのなかに厳しさがあり、威厳がありながら威圧感がなく、謙虚でありながら堅苦しい感じを与えなかった。

子《し》、四《し》を絶《た》つ。意《い》なく、必《ひっ》なく、固《こ》なく、我《が》なし。

▼子絶四。毋意、毋必、毋固、毋我。（子罕篇）

先生は四つの欠点を免れていた。
一、主観だけで臆測すること

一、自分の考えをしゃにむに押し通すこと
一、一つの考えだけに固執すること
一、自分の都合しか考えないこと

二つのことばはいずれも弟子たちが語ったものである。「温にして厲し」とは、やさしさと厳しさ、この二つのバランスがとれていたということであろう。「威ありて猛からず」とは、威厳がありながら、人を寄せつけないような圧迫感を感じさせなかったというのである。また、「恭にして安し」とは、謙虚でありながらも、わざとらしさがなく、必要以上にかしこまることはなかったのだという。内面から滲み出てくるものが、おのずからそういう雰囲気をかもし出していたのであろう。

二つ目のことばにしても、理想は理想として堅持しながら厳しい風雪のなかで練りあげられていった、そんな人物が連想されるではないか。

そういう人物が後輩たちに何を望み、何を語ったのか。さっそく『論語』の世界に参入してみよう。

第一章

志を掲げ、まっすぐに生きる

まっすぐに生きるとは何か。
そのヒントとなるのが、
孔子が人間形成の目標とした「君子」である。
自分がそうなろうとしただけでなく、
弟子たちにもそれを望んだ。
「君子」とはどんな人物を指しているのか。
孔子のことばを引きながら、
その人間像に迫ってみよう。

一、君子とは

君子《くんし》重《おも》からざれば則《すなわ》ち威《い》あらず。学《まな》べば則《すなわ》ち固《こ》ならず。忠信《ちゅうしん》を主《しゅ》とし、己《おのれ》に如《し》かざる者《もの》を友《とも》とするなかれ。過《あやま》ちては則《すなわ》ち改《あらた》むるに憚《はばか》ることなかれ。

▼君子不重則不威。学則不固。主忠信、無友不如己者。過則勿憚改。（学而篇）

君子は、態度が重厚でなかったら威厳が備わってこない。学問をすれば、それだけ頑迷さを免れることができる。常に誠実であることを旨とする。友と交わるときには、自分よりも優れた人物を選ぶ。過ちを犯したことに気づいたら、すぐに改めることだ。

君子たる者の心得として五つのことをあげているのである。少し説明しておこう。

一、「重からざれば威あらず」

「威」とは、人を恐れさせ、従わせる力、あるいは組織に抑えをきかせる力である。それを身につけるには態度が重々しくなければならない。そしてそのためにはふだんから軽はずみな発言や行動を慎む必要がある。そうあってこそはじめて「威」が備わってくるのである。

一、学べば固ならず

「固」とは頑固で融通がきかないこと。これを克服するには学ぶことだというが、では、何を学べばよいのか。他でもない、先人の知恵である。

では、先人の知恵をどこから学べばよいのか。孔子の念頭にあったのは、たぶん今私どもが中国古典と呼んでいるものであろう。ここには人間の営みに関するもろもろの知恵が詰め込まれている。これに学べば、人間としての偏りもおのずから正されていくのだという。

一、忠信を主とす

「忠信」は誠意とか誠実とほぼ同じ意味である。人間として裏表がなく、人を欺くような言動はしないということだ。こうあってこそ人間としての信頼性を高めていくことができるのである。

一、己に如かざる者を友とするなかれ

孔子という人は、すでに22ページで述べたように、「十有五にして学に志す」であったが、誰か特定の師について学んだ形跡はない。わからないことがあったり、疑問が生じたりしたときには、知っていそうな方をたずねて教えを請う、そんな学び方であったらしい。このことばはそういう自分の体験から出たものであろう。

自分より優れた相手とつき合うようにすれば、知らず知らず相手に感化されて、自分を向上させる助けにすることもできる。そういう効果も無視できない。

一、過ちては則ち改むるに憚ることなかれ

よく知られてきたことばである。

それで思うのだが、人間であるからには誰でも過ちを犯す。これは認めざるをえない。問題はその後である。人から指摘されるにしても自分で自覚するにしても、気づいたら素直に認めて改めてほしいのだという。そうあってこそ、人間としての進歩も向上も期待できるのかもしれない。

以上の五項目を心がけるだけでも、君子のレベルに近づくことができるのだという。

二、大切にすべき三つのもの

君子《くんし》に三畏《さんい》あり。天命《てんめい》を畏《おそ》れ、大人《たいじん》を畏《おそ》れ、聖人《せいじん》の言《げん》を畏《おそ》る。小人《しょうじん》は天命《てんめい》を知《し》らずして畏《おそ》れず、大人《たいじん》に狎《な》れ、聖人《せいじん》の言《げん》を侮《あなど》る。

▼君子有三畏。畏天命、畏大人、畏聖人之言。小人不知天命而不畏也、狎大人、侮聖人之言。（季氏篇）

君子は、三つのものに対して畏敬の念を持って接する。他でもない、天命と大人と、そして聖人の教えである。ところが小人は、天命を自覚できないし畏敬の念も抱かない。大人に対しては、馴れ馴れしい態度をとり、聖人の教えは鼻であしらう。

「畏る」とは、重んじ敬《うやま》うこと。「畏敬」という表現がもっともふさわしいかもしれない。君子にはその対象が三つあるのだという。
まず天命である。「五十にして天命を知る」（為政篇）と語った、あの天命である。天命とは天の意志を指しているのだが、「命《めい》」の一字で使われることも多い。人生にはどんなに努力しても、どうにもならない部分が最後に残る。それが命（天命）にほかならない。人間社会の営みにはすべてこれが介在していると考えられてきた。
孔子はこの命（天命）について、こうも語っている。

「命を知らざれば、以って君子たることなきなり」（堯曰《ぎょうえつ》篇）
天命に対して無自覚な人間は、君子としての資格に欠けている。

では、命（天命）を自覚できれば、どんなメリットがあるのか。二つほどあげることができる。
一、天命という大いなるものの存在を認めることができれば、人間はいやでも謙虚にならざるをえない。
一、逆境に突き落とされたとき、これも天命なのかと受けとめることができれば、変にじたばたしないですむ。

君子はこの天命に対して素直に頭を下げるのだという。

次は、大人《たいじん》である。

人間形成の上で、孔子が当面の目標としたのが君子である。大人も多くの部分で君子と重なっているのだが、その上に「悠揚《ゆうよう》として迫らず」といった雰囲気を加味したものである。そう理解しておけば、あたらずといえども遠からずであろう。そういう意味では、君子よりももう一段上の人物像と言ってもよい。

そういう人物からは教えられることも多いということであろう。

次は、聖人である。

これは人間形成の上で、容易に及びがたい高さにある。大人はまだしも現実の存在としてあるが、聖人ともなると、ほとんど雲の上の存在と言ってよい。

では、そういう人たちの教えとは、どこに示されているのか。言うまでもなく、古典のなかに記録されているのである。そういう教えにふれたら、謙虚に学んで、自分を反省し、自分を磨く指針にしてほしいのだという。

君子は以上三つのことに畏敬の念を抱いているが、小人はこれらの点においても正反対なのだという。なぜなのか。
一、狭い世界に安住している
一、自分を磨く意欲に欠けている
一、己を知らない
これらの事情が相俟ってのことではないかと思われる。

『荘子《そうじ》』という古典に、こんなことばがある。

「濡濡《じゅじゅ》なる者《もの》は豕《ぶた》の蝨《しらみ》これなり。疎鬣《そりょう》を択《えら》び、自ら以《も》って広宮《こうきゅう》大囿《だいゆう》となす」（徐無鬼《じょむき》篇）

日常の生活にかかりきりになっている人間は、豚にたかる虱《しらみ》と同じである。毛のまばらな首のあたりに住みつき、大邸宅に住んでいるように太平楽を決め込んでいる。

いささかどぎつい表現だが、現実にこれと似たような人もいないではない。これでは、人間として進歩も向上も期待できないであろう。

こういう点でも、小人のレベルを脱したいところである。

三、贅沢は願わない

君子《くんし》は食飽《しょくあ》くを求《もと》むるなく、居安《きょやす》きを求《もと》むるなく、事《こと》に敏《びん》にして言《げん》に慎《つつし》み、有道《ゆうどう》に就《つ》きて正《ただ》す。学《がく》を好《この》むと謂《い》うべきのみ。

▼君子食無求飽、居無求安、敏於事而慎於言、就有道而正焉。可謂好学也已。（学而篇）

君子は、食べ物や住まいについてはことさらに贅沢を願わず、行動は機敏に、発言は慎重を旨とする。そして立派な人物を見習ってわが身を正すのである。こうあってこそ学問を好む人間と言えよう。

これもまた君子の心得である。

まず生活についてであるが、ことさらな贅沢は願わないのだという。だからといって経済の問題などどうでもいいということではない。然るべき地位にあれば、それなりの体面や生活を維持していく必要がある。孔子もそれまで否定しているわけではない。ただし、これは重要な目標に比べたら、第二義的な問題にすぎないのだという。

次の「事に敏にして言に慎む」であるが、仕事はてきぱきと処理し、発言は慎重であってほしいのだという。孔子は、弁口は達者でも行動がそれに伴わない人間を嫌った。そういう意味のことを『論語』でしばしば語っているが、これもその一つである。

次に「有道に就きて正す」であるが、これは現代の組織に当てはめて考えてみよう。どこの職場にも、手本として学びたいような上司が一人や二人はいるのではないか。そういう人物を見習ってほしいのだという。

不幸にして身近にそういう人物がいなかったら、どうすればよいのか。歴史のなかに分け入っていけばいいのである。それこそ数え切れないほどの優れた人物に出会うことができるであろう。そういう人物たちに学んでほしいのだという。

ちなみに「学を好む」の「学」とは、この場合、たんに知識を習得するための勉強を指しているのではない。むろん知識も大切だが、それ以上に大切なのは人格に磨きをかけることである。そのための学びであることに留意しておきたい。

四、多くを語らなくていい

君子《くんし》は言《げん》に訥《とつ》にして、行《おこ》ないに敏《びん》ならんことを欲《ほっ》す。

▼君子欲訥於言、而敏於行。（里仁篇）

君子は能弁である必要はない。それよりも機敏な行動を心がけたい。

四字句にすると「訥言敏行」である。君子はこれを心がけてほしいのだという。見ていると、中国人は「ああ言えば、こう言う」式の論理を駆使して、自説をまくしたててくる人物が多いように思われる。これは今に始まったことではなく、昔からそうであった。よかれあしかれ、中華社会の伝統と言ってよい。孔子のことばは、もともとそういう人たちに向かって語りかけているのである。

では、孔子は弁舌を軽視しているのかと言えば、けっしてそうではない。その効用は大いに認めているのだ。

たとえば外交交渉である。そういう場に立ったときに、もじもじしてろくなことも言えないようでは困るのである。なにはともあれ、こちらの言い分を怖《お》めず臆せず主張できるような弁舌は身につけていなければならない。中国人は伝統的にこれを得意としてきた。

私ども日本人はどうか。昔からこれを苦手にしてきたように思われてならない。なぜなのか。
一、この狭い島国のなかで、自己主張を控え、周りとの折り合いに気をつかいながら生きてきた
一、武士道が寡黙をよしとした
この二つの伝統が影響を及ぼしているのではないか。

むろん寡黙は美徳である。だが、時と場合によっては、相手の思わくなど気にしないで、こちらの言い分を主張しなければならないときもある。とくに現代は異文化が激しくせめぎ合っている時代である。へたに相手の立場を思いやって発言を控えたりすると、あらぬ誤解を招くことすらないではない。

ふだんは寡黙でいいのである。しかし必要なときには、訥弁でもいいから筋道を立ててこちらの言い分を相手に伝える必要がある。それくらいの弁舌は当然のことながら、身につけておかなければならない。

孔子もそこまでは否定していないのである。

五、和して同ぜず

君子《くんし》は和《わ》して同《どう》ぜず。小人《しょうじん》は同《どう》じて和《わ》せず。

▼君子和而不同。小人同而不和。（子路篇）

君子は、協調性に富んでいるが雷同はしない。小人は、雷同するけれども協調性には欠けている。

講演などに行くと、よく「何か一筆」と色紙を出されたりしたが、どうしても断りきれないときには、このことば、「和而不同」としたためてきた。『論語』のなかでも、私の好きなことばの一つである。

では、「和」と「同」はどう違うのか。

「和」というのは、自分をしっかり持って、その上で周りの人たちと仲良くつき合い、互いに協力し合うことをいう。これに対し、自分を持たないで、周囲に付和雷同するのが「同」である。主体性があるかないか、そこに両者の違いがあると言ってよい。

それで思うのだが、日本は聖徳太子の昔から、「和だ、和だ」と「和」を大切にしてきた社会である。周りとの折り合いに気をつかい、自己主張を控え、「少々無理な仕事でもみんなで力を合わせて、なんとかやり遂げよう」という気風を培ってきた。これは日本ならではの優れた伝統と言ってよいだろう。

ただし、この日本流の「和」には問題もある。それは他でもない、「和」が過ぎて「同」になりがちなことである。

「同」になってしまうと、「なあなあ」主義の馴れ合いになって組織としての活力も衰えていく。また、そういう組織からはスケールの大きいリーダーも育ちにくい。

理想を言えば、個性豊かでたくましい人間が集まりながら、いざというときには結束してことにあたる。そんな組織づくりをめざしたいところである。しかし近年、組織の「和」に翳りが見えながら、たくましい個人も育っていないように思われてならない。これでは、世界へ出ていっても、苦戦を免れないのではないか。

できれば「和」の長所を残しながら「独立自尊」型の人間をめざしていきたい。

六、自分のなかに軸を持て

君子《くんし》は泰《たい》にして驕《おご》らず。小人《しょうじん》は驕《おご》りて泰《たい》ならず。

▼君子泰而不驕。小人驕而不泰。（子路篇）

君子は、自信を持ちながら謙虚である。小人は、傲慢でありながら、そのくせ自信には欠けている。

ということは、自信のない人間ほど威張りたがるということであろうか。言われてみると、そんな気がしないでもない。

ところで、「人間、謙虚であれ」と語りかけているのは、何も『論語』に限ったことではなく、他の古典もおおむね共通して説いている。

たとえば「知行合一《ちこうごういつ》」で知られる陽明学を唱えた王陽明《おうようめい》である。やはり弟子たちに向かって、こう語りかけている。

「人生《じんせい》の大病《たいびょう》は只《た》だ一《いち》の傲《ごう》の字《じ》なり。謙《けん》は衆善《しゅうぜん》の基《もと》にして、傲《ごう》は衆悪《しゅうあく》の魁《さきがけ》なり」

（『伝習録』下巻）

人生における最大の病根は、「傲」の一字である。謙虚はあらゆる善の基礎であり、傲慢はもろもろの悪の始まりである。

言うまでもなく、謙虚の反対が傲慢である。傲慢がなぜまずいのか。二つくらい理由をあげることができる。

一、周りの反発を買う

偉そうな顔をしたり、横柄な態度をとったりすれば、周りの支持を失い、近づいてくる人間まで遠ざけてしまう。その人が力を持ち勢いに乗っているうちはそれでも通用するかもしれないが、力を失ったとたん、人は去っていく。

一、自分の進歩を止めてしまう

狭い世界でふんぞり返っていると、お山の大将になって自分の進歩を止めてしまう。

あるいはこちらのマイナスのほうが大きいかもしれない。

幸い、日本には謙虚なタイプが多い。むろん、日本人のなかにも傲慢な人物もいないではないが、私の出会った範囲にしぼってみても、それほど多くはなかった。これもまた日本ならではの美徳と言ってよいだろう。

ただし、謙虚については留意してほしいことが一つだけある。他でもない、これが過ぎるとやたらへいこらして卑屈になってしまうことである。日本人はなまじ謙虚なるがゆえに、こうなりがちなところがある。

できれば、「毅然としておりながら謙虚である」、このレベルをめざしてほしい。そうすれば、孔子の言う「泰にして驕らず」に近づくことができるかもしれない。

七、己を修める

子路《しろ》、君子《くんし》を問《と》う。子《し》曰《いわ》く、「己《おのれ》を修《おさ》めて以《も》って敬《けい》す」。曰《いわ》く、「斯《かく》の如《ごと》きのみか」。曰《いわ》く、「己《おのれ》を修《おさ》めて以《も》って人《ひと》を安《やす》んず」。曰《いわ》く、「斯《かく》の如《ごと》きのみか」。曰《いわ》く、「己《おのれ》を修《おさ》めて以《も》って百姓《ひゃくせい》を安《やす》んず。己《おのれ》を修《おさ》めて以《も》って百姓《ひゃくせい》を安《やす》んずるは、堯《ぎょう》、舜《しゅん》もそれ猶《な》おこれを病《や》めり」

▼子路問君子。子曰、修己以敬。曰、如斯而已乎。曰、修己以安人。曰、如斯而已乎。曰、修己以安百姓。修己以安百姓、堯舜其猶病諸。（憲問篇）

弟子の子路が、君子の条件についてたずねた。孔子が答えるには、

「自分を磨いて謙虚な人間になることだよ」

「たったそれだけですか」

「自分を磨いて人のために尽くすことだ」
「それだけでいいのですか」
孔子は答えた。
「自分を磨いて、人々が安心して暮らせるようにしてやることだ。それをしようとして、堯《ぎょう》や舜《しゅん》のような聖天子でさえ、ずいぶん心を痛めたのだよ」

孔子の教えは、後の人々から儒学と呼ばれるようになる。その儒学の核心は、「修己治人」の学だと言われている。孔子のことばを借りれば、ここに出てくる「修己安人」である。

「修己」（己を修む）とは、学問を修め、能力と徳の両面にわたって自分を磨くこと。「治人」（人を治む）とは、人々が人間としての正しい道を踏みはずさないように教え導くこと。また、「安人」（人を安んず）とは、人々が安心して暮らせるように力を尽くすことである。

「治人」と「安人」にはニュアンスに違いはあるものの、めざす方向に違いがあるわけではない。要するに、世のため人のために尽くすことである。

これを実行に移すためには、活躍の場が必要になる。それが孔子の時代には政治の世界に限られていた。そして、そこで成果をあげるためには、その前提として「修己」が必要になるのだという。

「修己」はまた「修身」（身を修む）と言ってもいい。「修身」などというと、毛嫌いする人もいるようだが、もともとは上の者から「ああせい、こうせい」と押しつけられるものではなく、自分で自分を磨く自覚的な努力を指している。これを怠ったのでは、世に出て有用な働きなど、できるわけがないのではないか。

ただし、「修己」もむずかしいが、「安人」のほうはもっとむずかしい。なぜなら、政治の世界にはその実行を阻む障害が幾つも待ち受けているからである。気持ちは逸《はや》っても、それなりの条件がととのっていなければ、成果をあげることはできない。

孔子も理想を胸に政治の世界に飛び込んでいったものの、さまざまな障害に阻まれて、期待した成果をあげることができなかった。そのむずかしさを誰よりも知っていたのが孔子であったかもしれない。

そういう孔子に向かって、子路という単純な弟子が「それだけですか」と事もなげに言うものだから、孔子にたしなめられたのである。「安人」は遠い目標としてあるということであろう。

現代は孔子の時代と違って、活躍の場は政治の世界だけではない。どんな職業につこうと、それなりの成果をあげるためには、まず「修己」の努力が求められるのである。これもまた君子に望まれる課題として受けとめたい。

八、自分で背負う

君子《くんし》はこれを己《おのれ》に求《もと》む。小人《しょうじん》はこれを人《ひと》に求《もと》む。

▼君子求諸己。小人求諸人。（衛霊公篇）

責任を自覚しているのが君子。他人に押しつけるのは小人である。

社会人として立っていくからには、誰でもそれなりの役割を担っている。役割には責任が伴う。それを自覚し、与えられた責任を果たしてこそ、一人前の社会人と言えるのである。

ところがどうしたわけか、何か起こったとき、自分の責任は棚にあげて、人を責める者がいる。これでは社会人失格と言わざるをえない。孔子に言わせると、小人と決めつけられても致し方ないのだという。

この問題は、組織のリーダーの場合、いっそう深刻である。

何かあると、責任を部下に押しつけて、自分は知らぬ顔を決め込む上司を見かけるが、これでは部下にそっぽを向かれてしまう。「よし、わかった。責任はオレがとるから、やってくれ」、常にこの覚悟で取り組んでほしい。そうあってこそ、部下もやる気になって頑張ってくれるのである。

それにしても、孔子の時代から人に責任をなすりつけるような人間がいたとは、苦笑を禁じえないものがある。人間の性《さが》は二千五百年たっても、いっこうに変わっていないのではないか。

九、心は姿に表れる

質《しつ》、文《ぶん》に勝《か》てば則《すなわ》ち野《や》。文《ぶん》、質《しつ》に勝《か》てば則《すなわ》ち史《し》。文質《ぶんしつ》彬彬《ひんぴん》として、然《しか》る後《のち》に君子《くんし》。

▼質勝文則野。文勝質則史。文質彬彬、然後君子。（雍也篇）

内面がしっかりしていても外面がととのっていなかったら粗野になる。逆に、外面がととのっていても内面が伴わなかったら空疎になる。内面と外面の釣り合いがうまくとれていてこそ君子と言えるのだ。

「質」とは内面、内容。「文」とは外見、見かけ。「文質彬彬」とは二つの要素がバランスよく備わっていること。そうあってこそ君子なのだという。

まず、「質」であるが、これが空っぽであったのでは話にならない。

政治家にしても経営者にしても、若い世代のなかには、「この人、弁口は達者だけれども、中身があるのかなあ」と思われる人物がいる。政治も経営も、いわば結果責任の世界である。中身が伴わないと、一遍にメッキがはげてしまう。

それを避けるためには、

一、自分なりのしっかりした見識を身につける

一、経験を積んで政治手腕や経営手腕に磨きをかける

この二つを心がけたい。

さらには、みずから語らなくても、おのずから滲み出てくる豊かな教養などもあって然るべきであろう。

ただし、内面はいかにも大事だが、外面についても軽視することは許されないのだという。

外面とは、周りから見た印象である。つまり、顔つき、態度、姿勢、歩き方、さらには身につける服装なども指している。

たとえば、ふやけた顔つき、歪んだ姿勢、だらしない歩き方をしていたのでは、「この人は内面までたるんでいるのではないか」と思われても致し方ないだろう。顔はで

きるだけ引き締め、背筋を伸ばし、軽やかな歩き方を心がけたい。これだけでも周りに与える印象がずいぶん違っていくのではないか。

服装にしても、ことさらブランドものに凝る必要はないが、無頓着すぎるのも困るのである。身だしなみにも、それなりに心を配る必要がある。

この問題については、先人たちも大いに関心を寄せてきたらしい。二つのことばを取りあげておこう。

近ごろあまり使われなくなったが、まずはこのことばである。

「辺幅《へんぷく》を飾る」（『後漢書《ごかんじょ》』）

ブランドものを身につけたり、もったいぶった態度をとったりして、外面を飾ることをいう。どちらかと言えば、否定的なニュアンスで使われてきた。

もう一つはこれである。

「馬子《まご》にも衣裳《いしょう》」

日本人なら誰でも知っていることばである。こちらのほうは好意的には見ているのだが、どこか苦笑を禁じえないといったところがある。

やはり理想としては「文質彬彬」のレベルをめざしたいものである。

十、九つの心がけ

君子《くんし》に九思《きゅうし》あり。視《み》るは明《めい》を思《おも》い、聴《き》くは聡《そう》を思《おも》い、色《いろ》は温《おん》を思《おも》い、貌《ぼう》は恭《きょう》を思《おも》い、言《げん》は忠《ちゅう》を思《おも》い、事《こと》は敬《けい》を思《おも》い、疑《うたが》わしきは問《と》うを思《おも》い、忿《いか》りには難《なん》を思《おも》い、得《う》るを見《み》ては義《ぎ》を思《おも》う。

▼君子有九思。視思明、聴思聡、色思温、貌思恭、言思忠、事思敬、疑思問、忿思難、見得思義。（季氏篇）

君子は次の九つのことを心がけたい。目で見るときははっきりと、耳で聴くときは注意深く、顔色は穏やかに、態度は謙虚に、発言は誠実に、行動は慎重を旨とする。そして、疑問を感じたら人にたずね、腹が立ったときは後難に思いを致し、利益を見たら正しい道を踏みはずさないようにする。

日常で意識したい心得である。きわめて堅実な生き方ではないか。

前半の六項目については、あえて説明する必要もないであろう。後半の三項目についてだけ蛇足を加えておく。

一、疑わしきは問うを思う

これが孔子の学び方であったことは、すでに述べた。

この問題については、『荀子《じゅんし》』もこう語っている。


「疑《ぎ》を以《も》って疑《ぎ》を決《けっ》すれば、決必《けっかなら》ず当《あ》たらず」（解蔽篇）

確信のないまま確信のない決定を下せば、その決定は必ずあたらない。

決断を誤らないためには、疑問は解消しておかなければならない。

悩ましいのは、たずねる相手である。先輩や上司ならまだ教えを請いやすいが、相手が後輩や部下だとためらわれるものがある。だが、ためらってはならないのだという。

孔子も「下問《かもん》を恥じず」（公冶長篇《こうやちょう》）と語っているし、日本の諺にも「聞くは一時の恥」とあるではないか。部下にたずねることを恥じてはならない。それがまた部下との意思疎通の道を広げることにもなるのである。

一、忿《いか》りには難を思う

感情を爆発させると判断を誤り、あとで「しまった」と思うことが多い。これは誰でも身に覚えがあるだろう。

『孫子』もこう語っている。

「主《しゅ》は怒りを以って師《し》を興すべからず。将は慍《いきどお》りを以って戦いを致すべからず」（火攻篇）

王たる者、将たる者は怒りにまかせて軍事行動を起こしてはならない。

人間なら誰でも感情を持っている。問題はそれをどうコントロールするかである。これもまた、ふだんの修養に待つほかはないのかもしれない。

一、得るを見ては義を思う

孔子はまた「利を見ては義を思う」（憲問篇）とも語っているが、意味はまったく同じである。

利益を追求するときは、人の道を踏みはずさないようにしてほしいのだという。わかりやすく言えば、筋の通らない金には手を出すな、ということでもある。

なぜなら、そんなことをすればかえって失うもののほうが大きく、そのあげく、身の破滅を招くことにもなりかねないからである。君子はそんなバカげたことはしないものだという。

以上の三項目を含めて、ここに示されている九項目の心得から学ぶことができれば、社会人としての信頼性を高めていくことができるであろう。自分はどうなのか、何が欠けているのか、自分なりの課題を見つけてほしい。

第二章

真の知性を身につけ、かしこく生きる

すでに見てきたように、君子の反対が小人《しょうじん》である。
孔子は言う。
両者の一番大きな違いは徳のあるなしにある。
人間力を高めるためには、
徳に磨きをかけなければならない、と。
徳を読み解くと、
これからの混迷の時代を生き抜くための
本物の知性が見えてくる。

一、歴史に学べ

故《ふる》きを温《たず》ねて新《あたら》しきを知《し》れば、以《も》って師《し》たるべし。

▼温故而知新、可以為師矣。（為政篇）

過去の歴史を勉強することによって、現代に対する認識を深めていく。こういう人物こそ指導者としてふさわしい。

「リーダーは歴史に学べ」という声をしばしば耳にしてきた。なぜ歴史に学ぶ必要があるのか。ただたんに過去に起こった事件を知るだけではなく、現代とはどんな時代でどこに向かっているのか、それを知ることができるからだという。

こう言われてもピンとこない人がいるかもしれない。今はどうか知らないが、私どものころ、高校で教わった歴史の授業はやたら暗記を強いられる無味乾燥な世界であった。肝心の人間がほとんど出てこないのである。それで私は、一時、歴史に対する関心を失ってしまった記憶がある。思えば苦い経験をしたものである。

では、歴史に学んでどんな効用があるのか、二つくらいあげることができる。

第一に、その時代に活躍したさまざまなリーダーに出会えることである。たとえば、優れた手腕を発揮して危機を乗り越えていった政治家もいれば、あざやかな戦略、戦術で敵の大軍に勝利を収めた将軍もいる。むろん、逆の道をたどったリーダーもいるのだが、いずれにしても、現代を生きていく上で参考にしたいことが少なくないのである。

『戦国策』という古典にこんなことばがある。

「前事《ぜんじ》忘れざるは、後事《こうじ》の師《し》」（趙策）

以前に起こったことを記憶にとどめておけば、後に起こることとの参考にすることができる。

先人の残してくれた教訓をしっかり学んでおけば、少なくとも同じ失敗を少なくすることができるかもしれない。

第二に、歴史というのは、ある意味で興亡の繰り返しである。国なり組織なりが興っては滅び、滅びては興ってきた。勝手に興り、原因もなく滅びていったわけではない。興る理由があるから興り、滅びる原因があるから滅びていったのである。そして現代はその延長線上にあり、さらに未来へと伸びていく。

歴史に学べば、いやでもそういう大きい流れに思いをはせることになり、知らぬ間に歴史感覚が身についていく。

これがないと、どうしても当面の対応だけに追われてしまう。リーダーにとっては致命傷ともなりかねないのである。

そういう意味で、とくにリーダーは歴史に学んで歴史感覚に磨きをかけてほしい。孔子のこのことばもそれを語りかけているのである。

ちなみに、日本の近代は苦闘の連続であった。先人たちはそれこそ涙ぐましい努力によって数々の苦難を乗り越え、この国を持ちこたえてきた。

現代を生きる私どもは、先人の残してくれた遺産を受け継ぎ、この国の歴史に新しい展望を切り開いていきたい。

二、約束を守り抜く

人《ひと》にして信《しん》なくんば、その可《か》なるを知《し》らざるなり。大《たい》車《しゃ》に輗《げい》なく、小車《しょうしゃ》に軏《げつ》なくんば、それ何《なに》を以《も》ってこれを行《や》らんや。

▼人而無信、不知其可也。大車無輗、小車無軏、其何以行之哉。（為政篇）

約束を守らない人間は、一人前の社会人として評価に値しない。牛車にしても馬車にしても、くびきがなかったら、車の役目を果たすことができない。人間にとって約束を守ることは、そのくびきにあたっている。

「信」とは、嘘をつかない、約束したことは必ず守るという意味である。また、「輗」や「軏」というのは、現代の車に当てはめればハンドルと言ってもよいだろう。

孔子はこの「信」についても『論語』のなかでしばしば言及している。それだけ重要な徳と見なしていたのである。なぜなのか、ただちにその人の信頼性にかかわってくるからである。

では、「信」を身につけるにはどうすればよいのか。

軽い調子でべらべらまくしたてたりすると、どうしても「信」に欠ける部分が出てくる。とりあえずは発言を慎重にしたい。

私どもがこれで失敗しがちなのは安請け合いである。アルコールでも入ると、つい口が軽くなり、調子に乗って、「ハイ、ハイ、承知しました。なんとかやってみましょう」などと請け合ったりする。

ところが、こういう安請け合いにかぎって、うまくいったためしはないのである。そのあげく相手の信頼まで失ってしまう。こんな割の悪い話はない。

この問題がとりわけ深刻なのは、責任のある地位についているリーダーの場合である。たった一回の失言で、せっかく築いた地位まで失ってしまうことも珍しくない。

「綸言《りんげん》、汗の如し」ということばがある。「綸言」とはトップの発言である。それは汗が体から出ていくように、一度自分の口から出てしまうと、もはや取り消しがきかない。だから、トップの発言はくれぐれも慎重に、というのである。

中国の歴史の上で、屈指の名君とされてきたのが唐王朝の二代目皇帝であった太宗（李世民《りせいみん》）である。この人の自戒の弁に耳を傾けておこう。

「言語は君子にとってこの上なく重要なものである。人と語ることは、はなはだむずかしい。一般の庶民の間でも、人と話すとき、一言でも相手の気にさわることを口にすれば、相手はそれを覚えていて、いつか必ずその仕返しをするものだ。いわんや大国の君主たるもの、臣下に語るとき、わずかな失言もあってはならない。たとい些細な失言でも影響するところは大であって、庶民の失言とは同列に論じられない。私は、このことを常に肝に銘じている」（『貞観政要《じょうがんせいよう》』）

地位があがるにつれて発言の影響力も大きくなっていく。それを自覚すれば、いやでも慎重にならざるをえないのである。

三、勇気の使い方

子路《しろ》曰《いわ》く、「君子《くんし》は勇《ゆう》を尚《たっと》ぶか」。子《し》曰《いわ》く、「君子《くんし》は義《ぎ》を以《も》って上《じょう》となす。君子《くんし》、勇《ゆう》ありて義《ぎ》なければ乱《らん》を為《な》し、小人《しょうじん》、勇《ゆう》ありて義《ぎ》なければ盗《とう》を為《な》す」

▼子路曰、君子尚勇乎。子曰、君子義以為上。君子有勇而無義、為乱、小人有勇而無義、為盗。（陽貨篇）

子路がたずねた。

「君子にとって大切なのは『勇』だと思いますが、いかがでしょうか」

孔子が答えた。

「いや、君子にとって大切なのは、『勇』よりもむしろ『義』だ。『勇』はあっても『義』が欠けていたのでは、君子なら反乱を起こし、小人なら盗みを働くようにな

る」

「勇」とは勇気、思いきりのよさである。困難にめげない敢闘精神と言ってもよい。孔子も当然これを重視している。

たとえば次の有名なことばである。

「義を見て為《な》さざるは勇なきなり」（為政篇）

「義」とは人間として当然守るべき正しい道である。そうだとわかっていながら実行をためらうのは、「勇」に欠けている証拠なのだという。

子路という弟子は「勇」に逸るところがあって、しばしば孔子にたしなめられているのだが、反面、孔子はそういう子路を高く評価もしているのである。たとえばこのことばである。

「敝《やぶ》れたる縕袍《うんぽう》を衣《き》て、狐貉《こかく》を衣《き》たる者《もの》と立《た》ちて、而《しか》も恥《は》じざる者《もの》は、それ由《ゆう》なるか」

（子罕《しかん》篇）

ぼろを身にまといながら、毛皮を着た高官たちに立ちまじっても、いっこうに引け目を感じない。これができるのは子路であろうな。

たとえば外交交渉である。お偉方を相手にしても一歩も退かず、堂々と渡り合う。こういう交渉ができるのも、「勇」があればこそなのだという。

ただし孔子は「勇」のはらんでいるマイナス面にも目を向ける。それは他でもない、見境もなく飛び出して暴走することである。これには歯止めをかけなければならない。そこで孔子が持ち出してくるのが「義」である。人としての守るべき道を踏みはずさないようにしてほしいのだという。

さらに孔子は歯止めとして、もう一つ「礼」もあげている。

「勇にして礼なければ則ち乱す」（泰伯《たいはく》篇）

「礼」とは社会生活の規範である。これも逸脱しないようにしてほしいのだという。

要するに「勇」という徳は使い方を誤ると、身を滅ぼすことにもなりかねないのである。そのあたりには十分留意したい。

四、すべてが糧になる

三人《さんにん》行《い》けば、必《かなら》ず我《わ》が師《し》あり。その善《ぜん》なる者《もの》を択《えら》びてこれに従《したが》い、その不善《ふぜん》なる者《もの》にしてこれを改《あらた》む。

▼三人行、必有我師焉。択其善者而従之、其不善者而改之。（述而篇）

三人で道を歩いているとする。他の二人からは、必ず教えられることがあるはずだ。いい点があればそれを見習えばいいし、ダメな点があれば、ああなってはならないのだなあ、と学べばよい。

孔子は独学の人であった。たぶん、この人自身こういう学び方をしたのであろう。
他のところでも同じようなことを言っている。

「賢《けん》を見《み》ては斉《ひと》しからんことを思《おも》い、不賢《ふけん》を見《み》ては内《うち》に自《みずか》ら省《かえり》みるなり」（里仁篇《りじん》）
優れた人物に出会ったら、手本として見習うがよい。くだらない人間を見たら、自己反省の資とするがよい。

これらのことばは自分の体験から出たものであり、それを弟子たちにも望んだのである。それだけに説得力があったのかもしれない。

学ぶといえば、普通は学校に通って教わることを連想する。だが、孔子のような学び方ができれば、どこに身を置こうと、学びの場でないところはない。とりわけ広く人間学を学ぼうとするなら、こういう学び方のほうが成果も期待できるのではないか。問題は、それが意識的にできるかどうかである。

たとえば職場である。たんに仕事をして給料をもらう場としてとらえるのではなく、自分を磨く場でもあると受けとめることができれば、それだけやり甲斐も出てくるのではないか。

幸い立派な上司に恵まれたら、そういう人を手本にして自分を磨くことができる。不幸にしてダメな上司に仕える羽目になっても、自分を反省する材料として受けとめることができれば、マイナスをプラスに転化することができるであろう。

なかには、ダメな上司に仕えて苦労しながら、自分が上司になったとき、そっくり同じやり方で部下に対している人もいないではない。これは最悪である。これだけは願い下げにしてほしい。

五、まごころで接する

仲弓《ちゅうきゅう》、仁《じん》を問《と》う。子《し》曰《いわ》く、「門《もん》を出《い》でては大賓《だいひん》を見《み》るが如《ごと》くし、民《たみ》を使《つか》うには大祭《たいさい》を承《う》くるが如《ごと》くす。己《おのれ》の欲《ほっ》せざる所《ところ》は、人《ひと》に施《ほどこ》すなかれ。邦《くに》に在《あ》りては怨《うら》みなく、家《いえ》に在《あ》りても怨《うら》みなし」

▼仲弓問仁。子曰、出門如見大賓、使民如承大祭。己所不欲、勿施於人。在邦無怨、在家無怨。（顔淵篇）

仲弓という弟子が、「『仁』とはどういうことですか」とたずねたところ、孔子はこう答えた。「一歩外に出たら、国賓を接待するような丁重な態度をとること。人民を使役するときには、祭祀をとり行なうような敬虔《けいけん》な態度で臨むこと。そして、自分がしてほしくないと思っていることは、人にもしないことだよ。これを心がけれぱ、公人としても私人としても、人の怨みを買うことはないであろう」

徳とは何ですかと聞かれても答えにくい。なぜなら単純なものではなく、幾つもの要素から成り立っているのが徳だからである。

孔子が数ある要素のなかでもとりわけ重視したのが「仁」である。では、「仁」とはどういう徳なのか。これについては、弟子たちも孔子にたずねているのだが、孔子の答えは、相手のレベルや人柄に応じて異なっている。

たとえば、口数の多い弟子に対しては「仁者というのは口が重いものだよ」と語っているし、少し頭の鈍い弟子に対しては「人を愛することだよ」と答えているのだ。いかにも孔子らしい答え方であって、弟子たちもそれぞれに納得したようだが、私どもにとってはもう一つわかりにくい。

一言でいえば、「仁」とは人に対するやさしさである。そう理解しておけば、あたらずといえども遠からずであろう。

この「仁」と「恕《じょ》」の違いを聞かれたことがある。それにはこんな事情がある。

子貢《しこう》という弟子が「何か一言で生涯の信条としたいことばがあるでしょうか」とた

ずねたとき、孔子はこう答えているのだ。

「それ恕か。己の欲せざる所は、人に施すなかれ」（衛霊公《えいれいこう》篇）

「恕」を説明するのに、「仁」を説明したのと同じ言い方をしているのである。

「仁」と「恕」は重なっているのだが、「仁」の表れの一つが「恕」（思いやり）と受けとめてよいだろう。

こう見てくると、日本の社会には昔からこの「仁」の心が息づいてきたことがわかる。ところが近年、それが翳りを見せているように思われてならない。

たとえば経営である。経営者のなかには、利益追求に走るあまり、平気で人を痛めつけたり泣かせたりする人がふえているのではないか。こんなやり方をしていたのでは、一時は利益をあげることはできても、長続きはしないであろう。

経営だけではない。社会のなかにも、自分さえよければと考える人がふえているようだ。こういう人は人間関係のなかで孤立し、いずれ自滅を免れないかもしれない。

日本のよき伝統であった仁の心がどこかに忘れ去られようとしているのである。自分のためにも「仁」の復権をめざしたい。

六、人を知り、自分を知る

樊遅《はんち》、知《ち》を問《と》う。子《し》曰《いわ》く、「人《ひと》を知《し》る」

▼樊遅問知。子曰、知人。（顔淵篇）

樊遅という弟子が、「『知』とはどういうことですか」とたずねたところ、孔子は「人を知ることだよ」と答えた。

『中庸』という古典に、こういうことばがある。
「知、仁、勇の三者は天下の達徳《たっとく》なり」（二十章）
「達徳」とは、とりわけ重要な徳という意味である。
「仁」と「勇」についてはすでに述べた。「知」もまた孔子の重視した徳である。

「知」とはどういうことなのか。樊遅という弟子はいささか理解力が鈍かったので、こういうわかりやすい説明になったのであろう。これについても少し補っておく。

「知」とはたんなる知識ではない。人間を読む、状況を読む、先を読む、これらを読む力が「知」である。深い読みのできる能力、さらには洞察力と言ってもよい。

これがあってこそ誤りのない判断を下し、適切な戦略戦術を組み立てることができるのである。

では、どうすれば「知」を磨くことができるのか。

一、先人の知恵に学ぶ

一、経験を積む

この二つの努力を積み重ねていく以外にないかもしれない。

ちなみに「知」をさらに深めたのが「明」である。『老子』という古典にこんなことばがある。

「人を知る者は智《ち》なり。自《みずか》ら知《し》る者《もの》は明《めい》なり」(三十三章)

人を知る者はせいぜい知者のレベルにすぎない。己《おのれ》を知る者こそ明知の人である。

人を知ることともむずかしいが、己を知ることのほうがもっとむずかしい。人を知るには「知」で十分だが、己を知るには「明」を必要とするのだという。

孔子もこの「明」についてこう語っている。

「浸潤《しんじゅん》の譖《そし》り、膚受《ふじゅ》の愬《うった》え、行《おこ》なわれざるは明《めい》と謂《い》うべきのみ」（顔淵篇）

水がじわじわとしみこんでいくような讒言《ざんげん》、ほこりがぴたぴたと肌に染みついていくような中傷、そういうたぐいのものに心を惑わされないのが「明」である。

誰にでもそれとわかるような讒言や中傷なら、「明」などなくても見破ることができる。しかし、もって回ったようなわかりにくい讒言や中傷を見破るためには、この「明」が必要になるのだという。

これでわかるように、「知」の洞察力をさらに深めたのが「明」なのである。私どももとりあえずは「知」を磨き、さらに磨きをかけて「明」のレベルにまで高めていきたい。

七、ときには顧みる

徳《とく》の修《おさ》まらざる、学《がく》の講《こう》ぜざる、義《ぎ》を聞《き》きて徙《うつ》る能《あた》わざる、不善《ふぜん》を改《あらた》むる能《あた》わざる、これ吾《わ》が憂《うれ》いなり。

▼徳之不修、学之不講、聞義不能徙、不善不能改、是吾憂也。（述而篇）

徳が身についていないのではないか。学問を怠《おこた》りはしなかったか。正しいことと知りながら実行しなかったのではないか。悪いことと知りながら改めなかったのではないか。これが私の恐れていることである。

孔子の自戒の弁である。反省点として四つのことをあげている。

一、徳についてはすでに述べた。孔子の重視したのは、「仁」、「信」、「知」、「勇」、「義」などの徳である。こういう反省を加えることによって、さらに一歩前進することができるのかもしれない。

一、「学」というのは自分を磨く努力である。これもまた一生の課題であって、これで終わりということはない。継続することに意味があるのだろう。

一、「義を見て為さざるは勇なきなり」（95ページ）である。実行しようとすると、よほどの覚悟を必要とする。

一、「過ちては改むるに憚ることなかれ」（58ページ）である。これもいざ実行しようとすると、けっしてやさしくはない。

孔子ほどの人でもこのように自分を戒めているのである。人間を磨くといっても、口で言うのは簡単だが、いざ実行しようとすると、強い意志力を必要とする。こうありたいという人間像から見ると、誰でも足りないところや欠けているところを持っている。こういう古典を読むことの意味は、それに気づかせてもらえるところにある。

自分なりの課題を見つけたら、あとは少しずつでもいいから実行を心がけよう。成果はあえて問う必要はないだろう。努力してみるところに意味があるのだと信じたい。

八、知識を骨肉にするには

学《まな》びて思《おも》わざれば則《すなわ》ち罔《くら》し。思《おも》いて学《まな》ばざれば則《すなわ》ち殆《あやう》し。

▼学而不思則罔。思而不学則殆。（為政篇）

読書にばかりふけって思索を怠ると、せっかくの知識が身につかない。逆に、思索にばかりふけって読書を怠ると、独善に陥ってしまう。

学んだことを鵜呑みにしたのでは、消化不良を起こして、活きた知恵として働かない。そうならないためには、自分の頭でよく考えて消化吸収する必要がある。

逆に、自分の頭で考えるのはいいが、それだけになって読書を怠ると、堂々巡りになってしまい、よい知恵が浮かんでこない。視野も狭くなるし、見識も身につかないのだという。

それで思うのだが、この人生をどう生きていけばよいのか、模範解答などはないのである。それぞれがそれぞれの責任において自分の人生を切り開いていく以外にない。ただし、まったくの手探りではいかにも心細い。そこで参考にしたいのが先人の知恵である。中国古典にはそれがまとめられている。

厄介なのは、古典によって説く内容が異なっていることである。どちらがいい、どちらがダメと決めつけることができない。しいて言えば、一長一短である。

だから、自分なりに取捨選択を加え、得心のいったものを取り入れていけばよいのである。そのためにも学んだことを鵜呑みにしないで、じっくりと消化吸収することが望まれるのだ。

九、若さという武器

後生《こうせい》畏《おそ》るべし。焉《いずく》んぞ来者《らいしゃ》の今《いま》に如《し》かざるを知《し》らんや。四十《しじゅう》、五十《ごじゅう》にして聞《き》こゆるなくんば、これまた畏《おそ》るるに足《た》らざるのみ。

▼後生可畏。焉知来者之不如今也。四十五十而無聞焉、斯亦不足畏也已。（子罕篇）

若いということは、それだけ豊かな可能性をはらんでいる。これからの人間が今の人間より劣っているとは、けっして言えない。ただし、四十、五十になっても、まだろくな仕事もできないようでは、まったくどうしようもないがね。

老いたる者の通弊は、「今の若い者は」と口にすることだという。だが孔子はそんなことは言わなかったらしい。いや、それどころか、若い世代に大きな期待をかけていた。しかし同時に孔子は「つとめや励め」と背中を押すことも忘れていない。

当時の四十、五十は、今ならもっと先にのばしてもいいだろう。そういう年代になったら、しっかりと社会のなかに位置づいて、世のため人のために尽くしている、そういう人物になってほしいのだという。

その可能性は誰にでもあるとして、孔子はこう語っている。

「性《せい》、相近《あいちか》し、習《ならい》、相遠《あいとお》し」（陽貨篇）

生まれながらの素質にそれほど違いがあるわけではない。その後の環境や努力によって大きな差がついていく。


われら凡人を励ましていることばである。

たとえば少しずつでもいいから自分を磨く努力を続けた人と、そういう努力を怠った人である。一年や二年ではいくらも違いは出てこないであろう。だが、十年、二十年の長い目で見ると、その差ははっきりと開いていく。

せっかくの人生ではないか。持てる素質を開花させるためにも、自分を磨く努力を怠ってはならない。
孔子も弟子たちにそれを期待したのである。

十、やればわかる

冉求《ぜんきゅう》曰《いわ》く、「子《し》の道《みち》を説《よろこ》ばざるに非《あら》ず。力《ちから》足《た》らざるなり」。子《し》曰《いわ》く、「力《ちから》足《た》らざる者《もの》は中道《ちゅうどう》にして廃《はい》す。今《いま》、女《なんじ》は画《かぎ》れり」

▼冉求曰、非不説子之道。力不足也。子曰、力不足者、中道而廃。今女画。（雍也篇）

冉求という弟子が語った。「先生の教えは有難くうけたまわっているのですが、力が足りないせいか、ついていけそうにありません」
孔子が答えた。「本当に力が足りなかったら、途中で落ちこぼれるはずではないか。とにかくやってみることだ。お前は初めから見切りをつけている」

孔子が弟子たちに対して何よりもまず望んだのは、「やる気を出せ」ということであった。やる気のない相手には、何を教えてもムダだと思っていたらしい。

たしかに、何事も気乗りのしないまま、いやいやしていたのでは、面白くもないし、成果もあがらない。まずやる気を出してチャレンジする、そこからすべてが始まるのである。まして自分を磨く努力ともなれば、なおさらであろう。

このやりとりは、ともすれば挫《くじ》けそうになる弟子を励ましているのである。

孔子はまたこうも語っている。

「憤《ふん》せずんば啓《けい》せず。悱《ひ》せずんば発《はっ》せず。一隅《いちぐう》を挙《あ》げて三隅《さんぐう》を以《も》って反《かえ》らざれば、則《すなわ》ち復《また》せざるなり」（述而篇）

相手の気持ちが盛りあがってこなかったら、手を貸してやらない。口もとまで出かかっているのでなかったら、助け舟は出してやらない。一つの隅を示しただけで他の三つの隅にも鋭く類推を働かせないようなら、それ以上の指導は差し控える。

「憤」とは、気持ちが盛りあがること。「悱」とは、何か言いたくて口もとまで出かかっていること。ちなみに「憤せずんば啓せず。悱せずんば発せず」の一句から、今日よく使われる「啓発」ということばが生まれた。

このコメントも弟子たちに「やる気を出せ」と呼びかけているのである。

弟子たちを突き放しているわけではない。いや、それどころか、大きな期待をかけているのである。こういう厳しいことばは、そういう期待の表れでもあったにちがいない。

十一、どこであれ力を尽くす

子《し》張《ちょう》、禄《ろく》を干《もと》めんことを学《まな》ぶ。子《し》曰《いわ》く、「多《おお》く聞《き》きて疑《うたが》わしきを闕《か》き、慎《つつし》みてその余《よ》を言《い》えば、則《すなわ》ち尤《とが》め寡《すく》なし。多《おお》く見《み》て殆《あやう》きを闕《か》き、慎《つつし》みてその余《よ》を行《おこ》なえば、則《すなわ》ち悔《く》い寡《すく》なし。言《げん》、尤《とが》め寡《すく》なく、行《おこ》ない、悔《く》い寡《すく》なければ、禄《ろく》その中《なか》に在《あ》り」

▼子張学干禄。子曰、多聞闕疑、慎言其余、則寡尤。多見闕殆、慎行其余、則寡悔。言寡尤、行寡悔、禄在其中矣。（為政篇）

子張という弟子が、就職のためにはどんな勉強をすればよいのかとたずねたところ、孔子はこう答えた。

「できるだけ人の話に耳を傾けるがよい。そして、疑問を感じたところはしばらく

そのままにしておき、納得のいった部分だけを発言する。そうすれば、つまらぬ失敗を免れることができよう。また、幅広い読書を心がけることも忘れてはならない。そして疑問に思った個所はしばらくそのままにしておき、納得のいった部分だけを行動に移す。そうすれば、後悔することも少なくなるであろう。こうして、発言や行動において失敗や後悔を少なくしていけば、就職口など、いくらでも舞い込んでくるものだよ」

孔子は早くから弟子をとって教育にあたったが、早期に入門した弟子たちは野性味にあふれていて、仕官のことなどあまり念頭に置かなかった。ところが晩年、孔子塾の評判が高まってから入門してきた弟子たちは、あそこで学べば、いい仕官の口がかかってくるのではないかと、そんな期待を抱くようになっていったらしい。

子張もそういう弟子の一人であった。それでこういう質問になったのである。

これに対する孔子の答えは、要するに、発言と行動を慎重にして人間力に磨きをかけなさい、ということであった。答えとしては少々抽象的なように思われないでもない。子張としても、もう一つ納得できなかったのではないか。

なぜこんな答えになったのか。

子張という弟子は、

「師（子張の名）や過ぎたり」（先進篇）

と評されている。

子張は行き過ぎているというのである。積極的に自分を押し出していくタイプで、仕官についても過剰に意識するところがあったのかもしれない。

孔子のアドバイスはあくまでも正攻法である。

うろ覚えの知識や生半可な知識をひけらかしても、メッキはすぐにはげるのである。パフォーマンス先行の現代、とくにそんな現象が目立っている。それよりはじっくりと自分を磨くのが先決なのだという。

孔子のアドバイスは必ずしも現代の就職活動には当てはまらないかもしれない。だが、人間力に磨きをかけることが禄《ろく》につながるというのは、いつの時代でも大原則ではないか。

十二、わが身を正す

過《あやま》ちて改《あらた》めざる、これを過《あやま》ちと謂《い》う。

▼過而不改、是謂過矣。（衛霊公篇）

過ちに気づいても改めない。これが本当の過ちだ。

人間であるからには誰でも過ちを犯す。問題はその後である。気づいたら反省を加え、同じ過ちを繰り返さないようにしたい。そうでないと人間として進歩も向上も期待できないからである。

だが、これも口で言うほど簡単ではないようだ。孔子もこう言って嘆いている。

「已《や》んぬるかな。吾《われ》未《いま》だ能《よ》くその過《あやま》ちを見《み》て、内《うち》に自《みずか》ら訟《せ》むる者《もの》を見《み》ざるなり」

（公治長篇）

ああ、いやだ、いやだ。過ちに気づいて自分を責める、そういう人間に出くわしたことがないとは。

そう言われてみると、現代の中国人も、心のなかで反省しているのかどうかはわからないが、人に対して謝ることはめったにないように思われる。いつか知り合いの中国人に「どうしてなのか」と聞いてみたことがある。すると、「すぐ金の話になるからですよ」という答えが返ってきた。賠償金を請求されるから、うかつに謝れないのだという。聞いて私は妙に納得したことを覚えている。

その点、私ども日本人は反省好き、謝罪好きなどと言われてきた。これは一応美徳と言ってよいだろう。だが、問題もないではない。

まず、謝罪である。

私どもは安易に謝る癖《へき》があるのではないか。むろん、謝らなければならない確かな事実があれば謝らなければならない。だが、事実の確認もしないで、とりあえず頭を下げておこうといった謝り方は、かえって禍根を残すことになる。

謝るのはもう少し慎重でありたい。

次は、反省である。

過ちや失敗を乗り越えていくことによって人間力も磨かれていくのである。そのためにも厳しく反省する必要がある。だが、その苦い思いをいつまでも引きずらないほうがよいだろう。

反省したら、どこかで気持ちを切り替えて、また新しい課題に挑戦していきたい。

十三、真意を読む

子張《しちょう》問《と》う、「士《し》何如《いか》なればこれこれを達《たつ》と謂《い》うべき」。子《し》曰《いわ》く、「何《なん》ぞや、爾《なんじ》の所謂《いわゆる》達《たつ》とは」。子張《しちょう》対《こた》えて曰《いわ》く、「邦《くに》に在《あ》りても必《かなら》ず聞《き》こえ、家《いえ》に在《あ》りても必《かなら》ず聞《き》こゆ」。子《し》曰《いわ》く、「これ聞《ぶん》なり、達《たつ》に非《あら》ざるなり。それ達《たつ》とは、質直《しっちょく》にして義《ぎ》を好《この》み、言《げん》を察《さっ》して色《いろ》を観《み》、慮《おもんぱか》りて以《も》って人《ひと》に下《くだ》る。邦《くに》に在《あ》りても必《かなら》ず達《たっ》し、家《いえ》に在《あ》りても必《かなら》ず達《たっ》す。それ聞《ぶん》とは、色《いろ》に仁《じん》を取《と》りて行《おこ》ないは違《たが》い、これに居《お》りて疑《うたが》わず。邦《くに》に在《あ》りても必《かなら》ず聞《き》こえ、家《いえ》に在《あ》りても必《かなら》ず聞《き》こゆ」

▼子張問、士何如斯可謂之達矣。子曰、何哉爾所謂達者。子張対曰、在邦必聞、在家必聞。子曰、是聞也、非達也。夫達也者、質直而好義、察言而観色、慮以下人。在邦必達、在家必達。夫聞也者、色取仁而行違、居之不疑。在邦必聞、在家必聞。（顔淵篇）

子張という弟子がたずねた。

「指導者として、どれくらいの水準までいったら素晴らしい人物だと言えるのでしょうか」

「どういうことかね、お前の言うその素晴らしいとは」

「政治家として名が知れわたっており、仲間うちでも知られているということです」

孔子が語るには、

「それはたんに名前が売れているということであって、素晴らしいということではない。素晴らしいとは、実直で曲がったことを嫌うとともに、相手の発言や表情の裏を読みとる洞察力に富み、思慮深く謙虚に振る舞う、そういう人物を言うのだ。これなら、政治家としては素晴らしい業績をあげるし、仲間うちでも素晴らしい人物として評価されるであろう。これに対し、名前が売れているというのは、表面はいかにも仁者ぶっているが行なうことは逆、しかも、そのことに気づかない、

「そんな人物を言うのである。これなら、仲間うちはもちろん、政治家としても名前が売れるに決まっている」

この問題は、宣伝媒体の発達している現代のほうがはるかに深刻であるかもしれない。人気はいやに高いのだが、やらせてみたらダメだったというケースがあまりにも多いように思われる。

孔子は、見せかけだけ立派で中身のない人間を嫌った。それについて、こうも語っている。

「色厲《いろはげ》しくして内荏《うちやわ》らかなるは、これを小人《しょうじん》に譬《たと》うれば、それ猶《な》お穿窬《せんゆ》の盗《とう》のごときか」（陽貨篇）

見かけは厳《いかめ》しくてたのもしそうだが、中身はぐにゃぐにゃで主体性に欠ける人間、それは小人を例にとると、もっともみみっちいコソ泥のようなものだ。

ばっさりと切り捨てるような嫌悪感である。

ちなみに孔子はここで「士」の条件として三つのことをあげている。

一、実直で曲がったことを嫌う

一、発言や表情の裏を読む

一、思慮深く謙虚である

やや意外な感じを受けるのは、二番目の「言を察し色を観《み》る」である。だが、言われてみると、肯《うなず》けるものがないでもない。なぜなら、リーダーとして人間が読めないようでは対応を誤るし、組織をまとめていくこともできないからである。

総じてこの三つの条件は、一見やさしそうに思われるけれども、いざ実行しようとすると、かなりハードルが高いのではないか。これもまた努力目標として受けとめておきたい。

第三章

人と人との間でよりよく生きる

私どもが悩んだり苦しんだりしていることの
かなりの部分が人間関係にある、
と言っていいのではないか。
この問題は、今に始まったことではなく、
先人たちもみな心を痛めてきた。
むろん、孔子もその一人である。
よい人間関係を築く秘訣とは何か。
苦労人のアドバイスに耳を傾けてみよう。

一、人に助けられる人

徳《とく》は孤《こ》ならず、必《かなら》ず隣《となり》あり。

▼徳不孤、必有隣。（里仁篇）

徳のある人物は孤立しない。必ず共鳴者が現れてくる。

徳については前章ですでに述べた。孔子がもっとも重視したのは「仁」であるが、このほかにも、たとえば「知」、「信」、「勇」、「義」、「礼」などの徳も必要にして欠くべからざるものだ、と見なしている。

これらの徳を身につけた人物は、社会生活のなかで孤立することはないのだというが、これこそ徳の持っている大きな効用にほかならない。

社会人として立っていくためには、当然のことながら能力を磨く必要がある。だが、これだけでは十分ではない。これに加えて、さらに徳を身につけ、人格に磨きをかけなければならない。そうあってこそ、はじめて周りの信頼が得られ、支持も期待できるのである。

近年、この社会では、能力はともかくとして、肝心の徳が軽視されてきた。各界に不祥事が絶えないのも、このことと大いに関係しているのではないか。

『菜根譚』という古典にこんなことばがある。

「徳は事業の基《もとい》なり。いまだ基の固からずして、棟宇《とうう》の堅久《けんきゅう》なるものはあらず」（前集）

事業を発展させる基礎になるのは、その人が身につけている徳である。基礎がぐらぐらしているのに、建物が堅固であったためしはない。

徳のない経営者は、一時は栄えても長続きしないのだという。なぜなら周りの支持が得られないからである。

人間関係についても同じことが言えるのではないか。

徳があることによって周りに人が集まってくるし、また、つき合いも長続きするのである。人間関係がとかくドライになりがちな現代であるからこそ、改めて徳の力を確認しておきたい。

二、一歩譲る心がけ

子貢《しこう》曰《いわ》く、「如《も》し博《ひろ》く民《たみ》に施《ほどこ》して、能《よ》く衆《しゅう》を済《すく》うあらば何如《いかん》。仁《じん》と謂《い》うべきか」。子《し》曰《いわ》く、「何《なん》ぞ仁《じん》を事《こと》とせん。必《かなら》ずや聖《せい》か。堯舜《ぎょうしゅん》もそれ猶《な》おこれを病《や》めり。それ仁者《じんしゃ》は、己《おのれ》立《た》たんと欲《ほっ》して人《ひと》を立《た》て、己達《おのれたっ》せんと欲《ほっ》して人《ひと》を達《たっ》す。能《よ》く近《ちか》く譬《たと》えを取《と》る、仁《じん》の方《ほう》と謂《い》うべきのみ」

▼子貢曰、如有博施於民、而能済衆、何如。可謂仁乎。子曰、何事於仁。必也聖乎。堯舜其猶病諸。夫仁者己欲立而立人、己欲達而達人。能近取譬、可謂仁之方也已。（雍也篇）

子貢という弟子がたずねた。「人民にあまねく恩恵を施して民生の安定をはかる。いかがでしょう、これなら仁者と言えるのではありませんか」

孔子が答えた。「そこまでいけば、仁者どころか聖人である。堯や舜のような聖人でも、それができなくて思い悩んだのだ。『仁』はもっと身近にある。自分が立ちたいと思ったら、まず人を立たせてやる。自分が手に入れたいと思ったら、まず人に得させてやる。このように、自分の身にひきつけて、そこから始めるのが仁者のやり方なのだ」

子貢という弟子は、数ある門人のなかでも、とりわけ頭の切れる人物であった。ただし、孔子の言いそうなことを先回りして言う癖があって、時折孔子にたしなめられている。この問答もその一つである。

孔子の語っていることばのなかで、注目したいのは、

「己立たんと欲して人を立つ」

この一句である。

孔子によれば、これもまた「仁」の発露なのだというが、同時にまた、人間関係をよくするコツでもある。

参考のため、ここでも『菜根譚』のアドバイスを引用しておこう。

「世《よ》に処《しょ》するに一歩《いっぽ》を譲《ゆず》るを高《たか》しとなす。歩《ほ》を退《しりぞ》くは即《すなわ》ち歩《ほ》を進《すす》むるの張本《ちょうほん》なり。人《ひと》を待《ま》つに一分《いちぶ》を寛《ひろ》くするはこれ福《さいわい》なり。人《ひと》を利《り》するは実《まこと》に己《おのれ》を利《り》するの根基《こんき》なり」

（前集）

この世の中を生きていくには、人に一歩譲る心がけを忘れてはならない。一歩退くことは一歩進むための前提となるのだ。人間関係においては、なるべく寛容を旨としたほうがよい結果につながる。人のためにはかってやることが結局は自分の利益となってはね返ってくるのだ。

『菜根譚』のこのことばは、相手のお返しに期待をかけるあたり、どことなく功利的な匂いがしてくる。孔子にもそれがまったくないわけではない。「持ちつ持たれつ」とも言うではないか、それでよしとしたい。

この考え方から言えば、当然のことながら一人勝ちは手放しでは喜べないということになる。二回勝ったら次の勝ちは譲ってやる。それくらいの余裕がほしいということかもしれない。

三、自分を律し、人を咎《とが》めず

躬《み》自《みずか》ら厚《あつ》くして、薄《うす》く人《ひと》を責《せ》むれば、則《すなわ》ち怨《うら》みに遠《とお》ざかる。

▼躬自厚、而薄責於人、則遠怨矣。（衛霊公篇）

自分については厳しく反省し、他人には寛容な態度で臨む。そうすれば、人の怨みを買うことも少なくなる。

「自分には厳しく、人には寛容に」、これもまた人間関係の大原則である。

「自分には厳しく」とはどういうことか。

まず、与えられた責任をしっかり果たしているかどうか、折にふれてチェックしてみることである。もし欠けている点に気づいたら、反省を加えてそれを改め、新たな覚悟で仕事に取り組んでいきたい。さらに、責任問題が発生したとき、部下に押しつけたりする人もいるようだが、これもやってはいけないことである。とるべき責任はとらなければならない。

また、「人には寛容に」とは、人様の些細な過ちや欠点を目くじら立てて咎めないということである。それはそれとして認めながら、大きく包み込んでいく包容力がほしいのだという。

かつて日本の先人たちは、おおむねこの二つのことを心がけてきた。これは日本ならではの立派な伝統と言ってよい。

ところが近年、日本の社会でも、自分のことは棚にあげて、人ばかり責める者がふえてきた。これでは自分を向上させることができないばかりか、人間関係までぎすぎすしたものにしていくだろう。

なお、孔子のことばのなかに「怨み」の問題が出てきたので、これについても少しふれておこう。

私ども日本人はおおむね淡白で、それほど執念深くはない。だが、一歩外に出ていくと、そうではないようだ。人から受けた怨みをいつまでも覚えていて、機会がきたらそれを晴らそうとする。

怨みというのは、いつどこで誰に買うのかわからないものが多い。怨みを晴らされて、あっと気がついたときには、もう遅いのである。こんな割の悪い話はない。だから、そういう社会においては、どうすれば人の怨みを買わないで生きていくことができるのか、この問題が重要な関心事になる。孔子も再三にわたってこの問題を取りあげ、並々でない関心を示している。

たとえば、こうである。

「利《り》に放《よ》りて行《おこ》なえば、怨《うら》み多《おお》し」（里仁篇）

利益を優先させると、人の怨みを買うことが多い。

「伯夷《はくい》叔斉《しゅくせい》は旧悪《きゅうあく》を念《おも》わず。怨《うら》みここを用《も》って希《まれ》なり」（公冶長篇）

伯夷、叔斉は他人の仕打ちをいつまでも根に持たなかった。そのため、人の怨みを買うことはめったになかった。

この他にも人の怨みを買う原因は幾つもあるにちがいない。たとえば、何気なく口にした一言がいたく相手の心を傷つけている場合である。このあたりにも十分留意して、周りの人たちと良好な人間関係を築いていきたい。

四、馴れ合わない

君子《くんし》は周《しゅう》して比《ひ》せず。小人《しょうじん》は比《ひ》して周《しゅう》せず。

▼君子周而不比。小人比而不周。（為政篇）

君子は分けへだてなく人とつき合うが、馴れ合うことはしない。小人はその逆である。馴れ合うけれども分けへだてをする。

「周」とは、あまねく行きとどく、分けへだてしないという意味。また、「比」とは、へつらう、馴れ合うといった意味である。

「周して比せず」とは、仲良くつき合ってはいるのだが、批判すべきことは批判し、ダメなものはダメと言えるような関係を指している。こういう遠慮のない批判ができてこそ、切磋琢磨の成果も期待できるのであろう。

その点、小人のつき合いはややもすると馴れ合いや庇《かば》い合いになっていくのだという。これが高じると、やがて怨みを買って破綻する日も近いかもしれない。

これで思い出されるのが『荘子《そうじ》』という古典の次の名言である。

「君子《くんし》の交《まじ》わりは淡《あわ》きこと水《みず》の若《ごと》し。小人《しょうじん》の交《まじ》わりは甘《あま》きこと醴《れい》の若《ごと》し」（山木篇）

君子のつき合いは水のように淡々としているが、小人のつき合いは甘酒のようにべたべたしている。

水のようにさらさらっとしているから長続きするし、甘酒のようにべたべたくっついているから飽きがくるのもまた早い、ということであろう。

孔子の語っていることと、一脈相通じるものがあるかもしれない。

五、人を見極める

その以《も》ってする所《ところ》を視《み》、その由《よ》る所《ところ》を観《み》、その安《やす》んずる所《ところ》を察《さっ》すれば、人《ひと》焉《いずく》んぞ廋《かく》さんや、人《ひと》焉《いずく》んぞ廋《かく》さんや。

▼視其所以、観其所由、察其所安、人焉廋哉、人焉廋哉。（為政篇）

人を見るのに、現在の行動を観察するばかりでなく、その動機は何か、また目的は何か、そこまで突っ込んで観察する。そうすれば、どんな相手でも自分の本性を隠しきれなくなる。

良好な人間関係を築くには、まず相手がどんな人物なのか、よく見極めてかかる必要がある。つい地位や肩書に目が行きがちだが、これはあまり当てにならない。では、どこで人を見るのか。

この問題についても、多くの中国古典が取りあげている。それを要約すると、人を見る手がかりは容貌、発言、行動の三点にしぼられていくのだという。

一、容貌

顔つきである。第一印象と言ってもよい。たしかに、今までいい加減なことばかりしてきた人間は、見るからにいい加減な顔つきになっている。これも無視できないポイントになるかもしれない。

ただし、孔子はこれで失敗した経験を持っている。子羽《しう》という弟子がいたのだという。あまりの醜男《ぶおとこ》であったがゆえに、孔子もまったく期待をかけなかったらしい。ところがこの男、よく徳を修め、のちに諸侯の間で名声を高めていった。それを聞いた孔子はこう言って嘆いている。

「貌《ぼう》を以《も》って人《ひと》を取《えら》べば、これを子羽《しう》に失《たが》えり」(『史記』孔子弟子列伝」)

容貌で判断したばかりに、子羽を見まちがえてしまった。

思うに、容貌で人を判断するのは、四十代、五十代の相手ならともかく、十代、二十代の相手には無理なのかもしれない。なぜなら、五十代の顔は自分で作りあげたものだが、十代、二十代の顔はまだ親からもらったもので、自分で責任を持てる顔になっていないからである。

私どもも、そのあたりに留意しておきたい。

一、発言

これも有力な手がかりではある。だが、孔子はこれでも苦い経験をしている。たとえば宰予《さいよ》という弟子は、弁口は巧みであったが行動の伴わないところがあって、しばしば孔子に叱責されている。あるとき孔子はその宰予についてこう語った。

「始《はじ》め吾《われ》、人《ひと》に於《お》けるや、その言《げん》を聴《き》きてその行《こう》を信《しん》ぜり。今吾《いまわれ》、人《ひと》に於《お》けるや、その言《げん》を聴《き》きてその行《こう》を観《み》る。予《よ》に於《お》いてかこれを改《あらた》む」(公冶長篇)

はじめ私は、相手の話すことを聞いて行動まで信用していた。しかし今では行動を確かめてみないと安心できなくなった。私をそのように変えたのは、宰予である。

一、行動

容貌や発言も一応の手がかりになるが、最後の決め手になるのは行動なのだという。ふだんの行ないと言ってもよい。

さらに孔子は一歩踏み込んでその動機や目的まで確かめてほしいのだという。なるほどこれなら相手の人物の表も裏も見抜くことができるかもしれない。

以上が人を見るさいの大原則である。

ただし、原則がわかったからといって自分の目が磨かれるわけではない。あとは経験を積むことによって、原則に磨きをかけていくことが望まれるのである。

意識してこれを心がけていきたい。

六、友を選ぶなら

益者《えきしゃ》三友《さんゆう》、損者《そんしゃ》三友《さんゆう》。直《ちょく》を友《とも》とし、諒《りょう》を友《とも》とし、多聞《たぶん》を友《とも》とするは益《えき》なり。便辟《べんぺき》を友《とも》とし、善柔《ぜんじゅう》を友《とも》とし、便佞《べんねい》を友《とも》とするは損《そん》なり。

▼益者三友、損者三友。友直、友諒、友多聞益矣。友便辟、友善柔、友便佞損矣。
（季氏篇）

つき合ってためになる友人が三種類、ためにならない友人が三種類いる。ためになるのは、剛直な人、誠実な人、博識な人である。逆に、易きにつきたがる人、人あたりのよい人、口先だけの人、これはつき合ってもためにならない。

よき友に恵まれるかどうかは、その人の一生を左右することにもなる。頼りになる友が一人でもいてくれたら、こんな心強いことはないだろう。一人もいないとあっては、いかにも寂しい。

孔子にどんな友がいたのかはよくわからない。だがこのアドバイスには肯《うなず》けるものがある。

まず「益者三友」であるが、こういう友なら、感化を受けたり、教えてもらったりして、自分を向上させることに役立つであろう。

「損者三友」は、調子がよくて世渡りには長けているが、いかんせん中身がない。足をすべらすと、こちらまで巻きぞえを食う恐れもある。ことさら避ける必要もないが、深入りしないほうが賢明であるかもしれない。

中国人は一般に国や政府を信頼しない。何を頼りに生きているのかと言えば、身内や友人である。だから友人をつくることに熱心であるし、一度つくった関係を大事にする。これもまた長い苛酷な歴史のなかで培われてきた生活の知恵と言ってもよいかもしれない。

私どももこのあたりは少し見習ったほうがよいのではないか。

七、ことばを浪費しない

与《とも》に言《い》うべくして、これと言《い》わざれば、人《ひと》を失《うしな》う。与《とも》に言《い》うべからずして、これと言《い》えば、言《げん》を失《うしな》う。知者《ちしゃ》は人《ひと》を失《うしな》わず、また言《げん》を失《うしな》わず。

▼可与言、而不与之言、失人。不可与言、而与之言、失言。知者不失人、亦不失言。（衛霊公篇）

語り合うに足る人物と出会いながら語り合わないのは、友を失うことである。語り合うに足りない人物と語り合うのは、ことばの浪費である。知者は友を失うこともしないし、ことばの浪費もしない。

人との出会いはさまざまであるが、語り合うに足る相手と出会えるかどうかは、天の配剤としか言いようがない。しかし、そういうラッキーを活かせるかどうかは、こちらの対応いかんにかかっているのだという。

それにしても「語り合うに足りない人物と語り合うのは、ことばの浪費である」とは、思いきったことを言うものである。これについて、孔子はまたこうも語っている。

「群居終日《ぐんきょしゅうじつ》、言《げん》は義《ぎ》に及《およ》ばず、好《この》みて小慧《しょうけい》を行《おこ》なう。難《かた》いかな」（衛霊公篇）

大勢集まって一日中顔を突き合わせていながら、くだらないことばかり話題にして、小賢《こざか》しい知恵をひけらかしている。これではどうしようもない。

つまらないことで時間をムダにするなというのである。身に覚えがないでもない。

しかし、現代は孔子の時代とは違って、比較にならないほど多くのストレスにさらされている。気分を転換するためにも、時には酒でも酌み交わしながら、とりとめもない雑談にふけることもあっていいのではないか。

むろん、そういう場合でも、ことばの浪費や時間のムダは一応頭に入れておいたほうがよいかもしれない。

八、友とのつき合い方

子貢《しこう》、友《とも》を問《と》う。子《し》曰《いわ》く、「忠告《ちゅうこく》してこれを善道《ぜんどう》し、不可《ふか》なれば則《すなわ》ち止《や》む。自《みずか》ら辱《はずかし》めらるるなかれ」

▼子貢問友。子曰、忠告而善道之、不可則止。無自辱焉。（顔淵篇）

子貢という弟子が友人とのつき合い方についてたずねた。孔子が答えるには、「相手が間違っていたら、忠告してよい方向に導いてやる。聞いてもらえなかったら、しばらく様子を見る。善意を押しつけていやな思いをするのは、避けたほうがよい」

友とのつき合い方である。

馴れ馴れしくべったりくっつき合っているだけが能ではない。望ましいのは、切磋琢磨のできる間柄である。とくに若いときは、互いに遠慮のない批判ができるような友でありたい。聞かされたそのときは腹が立っても、あとで考えてみると納得のいくことが多い、そういう批判ができてこそ友と言えるのではないか。

むずかしいのは、相手が道にはずれるようなことをした場合である。見て見ぬふりをしていたのでは、もはや友とは言えない。

むろん、必ずしも正面切ってずけずけ言う必要はない。それとなくほのめかす程度にとどめるのも一案であろう。要は相手にこちらの言わんとすることをわかってもらえれば、それでよいのである。

では、相手が反発したらどうすればよいのか。孔子によれば、ひとまずその話題は避けて、しばらく様子を見たほうがよいのだという。いかにも苦労人らしいアドバイスではないか。

相手だって、少し時間を置いて冷静になれば自分に非のあることをわかってくれるのではないか。それを期待するのである。

友好関係を維持するには、それくらいの配慮が必要なのかもしれない。

九、本当の思いやり

師《し》冕《べん》見《まみ》ゆ。階《かい》に及《およ》ぶ。子《し》曰《いわ》く、「階《かい》なり」。席《せき》に及《およ》ぶ。子《し》曰《いわ》く、「席《せき》なり」。皆《みな》坐《ざ》す。子《し》これに告《つ》げて曰《いわ》く、「某《ぼう》はここに在《あ》り、某《ぼう》はここに在《あ》り」。師《し》冕《べん》出《い》ず。子《し》張《ちょう》問《と》いて曰《いわ》く、「師《し》と言《い》うの道《みち》か」。子《し》曰《いわ》く、「然《しか》り。固《もと》より師《し》を相《たす》くるの道《みち》なり」

▼師冕見。及階。子曰、階也。及席。子曰、席也。皆坐。子告之曰、某在斯、某在斯。師冕出。子張問曰、与師言之道与。子曰、然。固相師之道也。（衛霊公篇）

冕《べん》という盲目の楽師がたずねてきた。出迎えた孔子は、階段にさしかかると「階段ですよ」と声をかけ、座席のところにくると、「さあ、お席ですよ」と教えてやった。さらに、全員席につくと、「誰それはあちら、誰それはこちら」と、ひとりひとり紹介した。
冕が帰ってから、子張という弟子がたずねた。
「ああまでしてやらなければならないものですか」
孔子が答えるには、
「そうだよ。目の不自由な人には、あそこまでしてあげなくては」

社会的弱者に対する配慮である。こういうくだりからも、孔子という人の温かい人柄が伝わってくるではないか。これもまた「仁」の発露と言ってよい。

これで思い出されるのは、目の不自由な人が駅のホームから転落したというニュースである。周りの人が声をかけてやれば、あるいは防げた事故なのであろうか。何がそれをためらわせるのであろうか。いざその場を想定すると、他人事《ひとごと》とは思えない。

しかしこれまた近ごろ話題の孤独死である。地域や団地などでは互いに声をかけるなどして一定の効果をあげているところもあるという。

こういう助け合いの輪を広げていけば、もう少しうるおいのある社会になるのではないか。

十、隠し立てしない

子路《しろ》、君《きみ》に事《つか》えんことを問《と》う。子《し》曰《いわ》く、「欺《あざむ》くなかれ、而《しか》してこれを犯《おか》せ」

▼子路問事君。子曰、勿欺也、而犯之。（憲問篇）

子路が、

「君主にはどんな仕え方をすればよいでしょうか」

とたずねたところ、孔子はこう答えた。

「嘘はいけない。言うべきことはあくまでも主張することだ」


君主、今でいうトップであるが、そういう相手が過ちを犯したり暴走したりした場合の重臣や側近の対応である。臣下として禄を食《は》んでいる以上、それを諌《いさ》めるのは義務であって、子路にもそれをすすめているのである。

ただし、諫め方にもいろいろあって、必ずしも正面切ってずけずけ諫める必要はない。

『説苑《ぜいえん》』という古典のなかで、孔子はこう語っている。

「諫《かん》に五《ご》あり。一《いち》に曰《いわ》く正諫《せいかん》。二《に》に曰《いわ》く降諫《こうかん》。三《さん》に曰《いわ》く忠諫《ちゅうかん》。四《し》に曰《いわ》く戇諫《とうかん》。五《ご》に曰《いわ》く諷諫《ふうかん》」（正諫篇）

諫言に五種類ある。
一、正諫……正面切って正論をまくしたてる
一、降諫……へり下って相手の顔を立てながら話す
一、忠諫……誠意をこめてひたむきに訴える
一、戇諫……どなられても愚直にねばり強く主張する
一、諷諫……それとなく遠まわしにやんわりと言う
孔子はこう語ったあとで、

「吾《われ》それ諷諫に従わんか」

と付け加えている。

孔子という人は、すでに述べたように、温厚な人柄であった。上の者には、仮にダメな上役でも「礼」を尽くして仕えているし、諫言にしても、相手の顔を立てながらそれとなく諫めたらしい。そういうやり方で、この人なりに筋を通そうとしたのである。

この人にはやはり「諷諫」が一番似合っていたのかもしれない。

十一、上役に物申す三つの心得

君子《くんし》に侍《じ》するに三愆《さんけん》あり。言未《げんいま》だこれに及《およ》ばずして言《い》う、これを躁《そう》と謂《い》う。言《げん》これに及《およ》びて言《い》わざる、これを隠《いん》と謂《い》う。未《いま》だ顔色《がんしょく》を見《み》ずして言《い》う、これを瞽《こ》と謂《い》う。

▼侍於君子、有三愆。言未及之而言、謂之躁。言及之而不言、謂之隠。未見顔色而言、謂之瞽。(季氏篇)

上役に仕える場合、してはならないことが三つある。それは他でもない、軽はずみ、隠し立て、目が見えないことである。軽はずみとは、相手がまだ話題にしないことまで先取りして言うこと。隠し立てとは、意見を求められても答えようとしないこと。目が見えないとは、相手の顔

色も読まないで言うことである。

上役と接するさいの心得である。

聞かれたことは答える。聞かれなかったことまで、こちらからしゃしゃり出て口をはさむことは控えたほうがよいのだという。これもまた孔子の実践してきたことであったにちがいない。

それにしても「相手の顔色を見てから言え」とは泣かせるではないか。

私の好きな『呻吟語《しんぎんご》』という古典に、こんなことばがある。

「進言《しんげん》に四《よっ》つの難《なん》あり。人《ひと》を審《つまびら》かにし、己《おのれ》を審《つまびら》かにし、事《こと》を審《つまびら》かにし、時《とき》を審《つまびら》かにす。一《いち》もいまだ審《つまびら》かならざるあらば、事必《ことかなら》ず済《な》らず」（治道篇）

上の者に進言するさい、むずかしいことが四つある。

一、相手を知ること

一、自分をわきまえること

一、問題を把握すること

一、時期を誤らないこと

このうち一つでも欠けていたのでは成功しない。

これもまた懇切なアドバイスではないか。孔子の言った「相手の顔色を見てから言え」は、このうちの「相手を知ること」と重なっている。つまり、相手が何を思い何を考えているのか、さらに、今機嫌がいいのか悪いのか、そのあたりを確かめてから言いなさいというのである。いかにも苦労人らしいアドバイスではないか。

このあたりに留意してかかれば、上役に睨まれることもなくなるにちがいない。

十二、親の恩に報いる

子游《しゆう》、孝《こう》を問《と》う。子《し》曰《いわ》く、「今《いま》の孝《こう》は、これ能《よ》く養《やしな》うを謂《い》う。犬馬《けんば》に至《いた》るまでみな能《よ》く養《やしな》うあり。敬《けい》せずんば何《なに》を以《も》って別《わか》たんや」

▼子游問孝。子曰、今之孝者、是謂能養。至於犬馬、皆能有養。不敬、何以別乎。（為政篇）

子游という弟子が孝についてたずねた。孔子が答えるには、「近ごろの親孝行というのは、暮らしの上で不自由な思いをさせないことを指しているらしい。だが、それだけなら、犬や馬を飼うのと同じである。敬愛の心がこもっていなかったら、区別のつけようがないではないか」

人間関係を取りあげたこの章の結びとして、親孝行についても取りあげておく。親の恩にどう報いるかという問題である。

言うまでもなく、「親に孝」は儒教の掲げる重要な徳目である。孔子もさまざまな角度から「孝」について語っているのだが、このことばもその一つである。

現代の私どもの場合はどうか。「敬する」どころか「能く養う」ことすらままならない始末である。こう真正面から切り込んでこられると、忸怩《じくじ》たる思いを禁じえない。

孔子はまた「孝」についてこうも語っている。

「父母《ふぼ》に事《つか》うるには幾諫《きかん》す。志《こころざし》の従《したが》わざるを見《み》ては、また敬《けい》して違《たが》わず、労《ろう》して怨《うら》まず」（里仁篇）

父母に間違いがあったときは、遠まわしに諫めるがよい。仮に聞き入れられなくても、ひたすら相手の気持ちを尊重し、逆らったり、不満を抱いたりしてはならない。

「孝」は絶対に近かったのである。やはり儒教の原点である『礼記《らいき》』という古典に、

「子《こ》の親《おや》に事《つか》うるや、三諫《さんかん》して聴《き》かれざれば、号泣《ごうきゅう》してこれに随《したが》う」（曲礼下《きょくれいか》篇）

とある。

孔子の言っていることとは、表現こそやわらかいが、『礼記』のこのことばと重なっている。

今は時代も違うから、これらのことばを必ずしも額面どおりに受けとめることもないかとは思う。だが、育ててもらった恩もあるではないか。

近くに住んでいるなら、時折は立ち寄って声をかけてあげる。遠くに住んでいるなら、月に一回くらいは電話でもして元気な声を聞かせてあげる。こんなことでも親に喜んでもらえるのではないかと思う。

喜んでもらえるのも「孝」の内なのである。

第四章

大切なことに力を注ぎ、情熱的に生きる

幸いにして、選り好みさえしなければ、
仕事がないという時代ではない。
だが、いざその場に身を置いてみると、
これまたさまざまな悩みが生じてくる。
私どもは、
どのように仕事と向き合っていけばよいのだろうか。
それぞれの場で
「大切なこと」に力を注ぐための極意を読み解く。

一、優先すべきは「義」

君子《くんし》は義《ぎ》に喩《さと》り、小人《しょうじん》は利《り》に喩《さと》る。

▼君子喩於義、小人喩於利。（里仁篇）

行動にさいして、「義」を優先させるのが君子、「利」を優先させるのは小人である。

行動規範として、君子は「義」を重んじ、小人は「利」に重きを置くのだという。「義」とは、人間として当然守らないといけない正しい道である。今で言うモラルに近い。これを踏みはずしたからといって、法で罰せられることはない。ただし、周りの人々から後ろ指を指されたり、批判を浴びたりすることは免れない。それが「義」である。

「利」とは、利益である。自分にとってどんな得があるのか、それを真っ先に考えるのが「利に喩る」である。

いつか、さる経営者の方が「孔子の儒教は利益追求を否定しているでしょう。だから、あれはダメなんですよ」と語っているのを耳にしたことがある。これは誤解としか言いようがない。

ただ孔子は人を踏みつけにしたり泣かせたりして利益を追求することに異を唱え、「義」によって歯止めをかけようとしているのである。つまり、自分は大いに儲けさしてもらう、同時に、周りの人々からは感謝してもらえる、そういう利益追求であってほしいのだという。

そういえば、近江商人のモットーとして語り伝えられてきた「三方よし」である。

一、買い手よし
一、売り手よし
一、世間よし

孔子の言わんとすることをわかりやすく解きほぐしていくと、こういうことになるのかもしれない。

たしかに、「利益さえあがれば、何をしてもいい」というのでは、一時は儲かるかもしれないが、長続きはしないであろう。利益をあげようとするなら「義」だけは踏みはずさないようにしてほしい。

なお、「義」について、孔子はこうも語っている。

「君子《くんし》の天下《てんか》に於《お》けるや、適《てき》もなく、莫《ばく》もなし。義《ぎ》これと与《とも》に比《ひ》す」（里仁篇）

君子は何事につけ、これはよい、あればダメと、決めつけてかかることはしない。常に「義」に則って行動するのである。

「義」さえ守って筋を通せば、あとは柔軟に対処してよい、ということかもしれない。

二、眼差しを先に向ける

人《ひと》、遠《とお》き慮《おもんぱか》りなければ、必《かなら》ず近《ちか》き憂《うれ》いあり。

▼人無遠慮、必有近憂。（衛霊公篇）

遠い先のことまで対策を立ててかからないと、必ず足もとから崩れていく。

長期的な視野と対策を用意してかからなかったら、事業を成功させることができないのだという。たしかにこれが欠けていたのでは、目先の問題に振り回されて体力を消耗し、労多くして功少なし、ということになりかねない。

それにしても現代は変化の波が激しい。そのあたりが孔子の時代とは決定的に違うところである。経済にしても政治にしても、十年先どころか五年先どうなっていくのか、容易に読めない。

厄介なことに、現代はまた世界中が連動している時代である。しかも、それぞれの国が、それぞれにむずかしい問題をかかえて苦しんでいるではないか。それだけに、ますます読みにくい。

テレビなどを見ていると、よくその道の専門家らしい人物が出てきて、したり顔で講釈を並べているが、この人たちだって確かなことは読めていないのではないか。後追い解説なら誰にでもできる。むずかしいのは先を読むことなのである。

今、私どもはそんな時代に生きているのである。それだけに、いっそう長期の視野を身につける必要があるのではないか。そのための努力を惜しんではならない。

仮に予測を誤ったら、そのたびに修正を加えていけばよいのである。行きあたりばったりだけは避けたい。

三、学びを活かす

詩《し》三百《さんびゃく》を誦《しょう》するも、これに授《さず》くるに政《せい》を以《も》ってして達《たっ》せず、四方《しほう》に使《つか》いして専対《せんたい》する能《あた》わずんば、多《おお》しと雖《いえど》もまた奚《なに》を以《も》ってか為《な》さん。

▼誦詩三百、授之以政、不達、使於四方、不能専対、雖多亦奚以為。(子路篇)

『詩経《しきょう》』三百篇をすべて誦《そらん》じるほどの豊かな教養を身につけていたとする。だが、政治をやらせてみると満足に仕事ができない。使者として外国に遣わされても、まともな交渉もできない。これでは、せっかくの教養がなんの役にも立たないではないか。

『詩経』は儒教の原典の一つ。中国古代の詩歌集で、三百篇余りの詩歌が収められている。最終的に孔子が整理したといわれ、君子の養成をめざした孔子塾でも、重要な教養科目として教えられていた。

なぜそれほど重視されていたのか。

君子として、詩歌の一つも詠めないようでは困る、という事情もあったのかもしれないが、それだけではない。日常の会話や外交交渉のやりとりのなかで、歌の文句がしばしば引用された。だから一通り習っておかないと、意思の疎通ができなかったのである。そういう実用に迫られての勉強でもあった。

だが、孔子によれば、せっかく学んでも実践の場で活かすことができなかったら、本当に学んだことにはならないのだという。

むろん、教養としての学問は必要である。社会人として立っていくからには、それなりのものは身につけておかなければならない。しかし、なまじ教養があると、ああでもない、こうでもないと考えすぎるせいか、思いきった行動をためらうところがある。そんな弱みもないではない。

政治にしても経営にしても、結果責任の問われる場である。なにはともあれ、実践して成果をあげないことには評価されないのである。

知人の経営者がこんなことを語っていた。

息子をアメリカに留学させたのだという。首尾よくＭＢＡ（経営学修士）の資格をとって帰ってきたのだが、いざ経営をまかせたらうまくいかなかったのだという。「失敗しました」と知人は嘆いていた。

学問によって教養を身につけたら、そこで満足せず、さらに経験を積むことによって実践力に磨きをかけていきたい。

四、筋を通す

人《ひと》の生《い》くるや直《なお》し。これ罔《な》くして生《い》くるや、幸《さいわ》いにして免《まぬか》るるなり。

▼人之生也直。罔之生也、幸而免。(雍也篇)

人間はまっすぐに生きるものだ。曲がった生き方をして失敗を免れたとしても、それはただの幸運にすぎない。

筋を通してまっすぐに生きる、これが人間本来の生き方なのだという。

堂々たる生き方ではないか。これもまた孔子その人の覚悟であったにちがいない。

これに対し、曲がった生き方とは、たとえば人間としてやってはいけないことに手を出したりすることである。

人間は誰でも、追いつめられて切羽詰まったり、欲に目がくらんだりすると、ついそんなことにすがりたくなる。だが、そういう生き方は、一時はうまくいったとしても、ただのラッキーであって、長続きはしないのだという。

念のため、付け加えておくと、まっすぐに生きるにしても、それなりの駆け引きは必要とするのである。

駆け引きなどというと、なんとなくやましい思いがしないでもないが、実はこれには二つの種類がある。

一つは、人をだましたり、陥れたりするための駆け引き。これは悪い駆け引きであって、一遍でも使うと、たちまち信用をなくしてしまう。

もう一つは、仕事を成し遂げるための駆け引きである。人生を生きていくための知恵と言ってもよい。これはよい駆け引きである。

まっすぐに生きるためにも、よい駆け引きぐらいは心得ていないと、ただのデクノボウになってしまう。孔子といえども、これまで否定しているわけではない。

五、好機を逃すな

季文子《きぶんし》、三《み》たび思《おも》いて而《しか》る後《のち》に行《おこ》なう。子《し》、これを聞《き》きて曰《いわ》く、「再《ふた》びせばこれ可《か》なり」

▼季文子三思而後行。子聞之曰、再斯可矣。（公冶長篇）

魯《ろ》の重臣であった季文子という人物は、どんな場合でも三回考えてから行動に移した。
それを聞いた孔子は、「いくらなんでも二回で十分だろうに」と評した。

季文子は慎重な人物であったらしい。言うまでもなく、慎重は美徳である。だが、せっかくの美徳も、過ぎると愚図、のろまとなって、みすみすチャンスを逃してしまう。「過ぎたるは猶《な》お及ばざるがごとし」（先進篇）なのである。

孔子という人は、発言だけが先走って、行動の伴わない人間を嫌った。また同時に、よく考えもしないで、見境もなく飛び出していくような人間も嫌っている。

『書経』という古典に、仕事を成功させるための心得として、こんなことばがある。

「慮《おもんぱか》らずんば胡《なん》ぞ獲《え》ん。為《な》さずんば胡《なん》ぞ成《な》らん」（太甲下篇）

思慮深くなければ成果をあげることはできない。断固実行しなければ仕事を成し遂げることはできない。

熟慮と断行が仕事を成し遂げる条件なのだという。では、何を熟慮するのか。

何事にも利と害、すなわち有利な面と不利な面がある。この二つを秤にかけて、どの程度の勝算があるのか検討するのである。勝算が立ったら、あとは、どう戦うか戦略戦術を練る。このあたりが熟慮の内容になるであろう。

次は決断であるが、これにはその人の性格もからんでくる。よく考えもしないで突っ走るタイプ。これはやはり軽率のそしりを免れない。逆に、あれこれ考えすぎて容易に決断できないタイプ。これは慎重にすぎるだろう。孔子の念頭にあったのも、こういうことであったにちがいない。

六、職責を果たす

子張《しちょう》、政《せい》を問《と》う。子曰《しいわ》く、「これに居《お》りて倦《う》むことなく、これを行《おこ》なうに忠《ちゅう》を以《も》ってす」

▼子張問政。子曰、居之無倦、行之以忠。（顔淵篇）

子張という弟子が政治に取り組む心構えについてたずねた。

孔子はこう答えた。

「投げやりな仕事をしてはいけない。与えられた職責をきちんと果たすことだ」


これもたんなるお説教ではない。孔子自身がみずから実践したことでもあった。『史記』の記述によれば、二十代のころと思われるが、魯の国の家老職にあった季《き》氏に仕え、倉庫番や牧場の番人をつとめたのだという。仕えたといっても、正式の仕官ではなく、今で言うアルバイト仕事のようなものであったらしい。しかし孔子はそんな仕事でも、手抜きなどしないで誠実に取り組み、一定の成果をあげたという。

「このときの働きぶりが、後に魯の国の要職に登用される一因となった」

と、『史記』は付け加えている。

たぶん、要職に登用されてからも、このような仕事っぷりであったにちがいない。認められようが認められまいが、職についたからには、そうするのが当然のつとめだ、というのがこの人のモットーであった。

それを弟子たちにも望んだのである。

どんな地位についていても、報酬をもらっているなら、それに見合う働きをして、与えられた職責を果たしていかなければならない。これはいわば当然のつとめである。

仮に下積みのような仕事であったとしても、得るところはあるのである。その経験がいつどこで役に立つかわからない。投げやりになったのでは、何も身につかない。

それに上司だって、目の見えない人ばかりいるわけではない。見ている人は見ているのである。そこから新しい展望も開けるかもしれない。

そういう意味でも、孔子の生き方に学びたいところである。

七、あせらず、小利に惑わされず

子夏《しか》、莒父《きょほ》の宰《さい》となりて、政《せい》を問《と》う。子《し》曰《いわ》く、「速《すみや》かなるを欲《ほっ》するなかれ。小利を見《み》るなかれ。速《すみや》かならんと欲《ほっ》すれば、則《すなわ》ち達《たっ》せず。小利《しょうり》を見《み》れば、則《すなわ》ち大事《だいじ》成《な》らず」

▼子夏為莒父宰、問政。子曰、無欲速。無見小利。欲速、則不達。見小利、則大事不成。（子路篇）

子夏という弟子が莒父の町長に任命されたとき、政治の心構えについてたずねた。孔子が答えるには、「あせらないこと、そして目先の小利に惑わされないことだ。あせると息切れを起こすし、小利に惑わされると、大きな仕事を成し遂げることはできない」

ここで孔子は二つのことをあげているが、このアドバイスもまた政治だけではなく、仕事や事業に取り組む上でも当てはまるであろう。

一、速やかなるを欲するなかれ

長期的な視野、これがほしいのだという。

先に孔子は、「遠き慮《おもんぱか》りなければ、必ず近き憂いあり」（165ページ）と語っていたが、これと同じ考え方である。

競技にたとえると、短距離ではなく、マラソンの走り方である。短距離は瞬発力で決着がつくけれども、マラソンともなると、遠いゴールをめざして完走するためには、自分のペースを守って走り続けなければならない。あせって急にピッチをあげたりすると、いたずらに体力を消耗して、脱落ということにもなりかねない。

経営にしても、ややもすると当面の対応に追われて、あたふたさせられる。それだけになると行きあたりばったりになって、いずれ行き詰まってしまう。百年の大計などとはあえて言うまい。せめて十年くらいのスパンで、戦略目標を組み立てておく必要がある。

情勢が変わったら修正を加えていけばよいのである。

一、小利を見るなかれ

大局的な判断をしてほしいのだという。

『韓非子《かんぴし》』という古典にも、こんなことばがある。

「小利《しょうり》を顧《かえり》みるは、大利《だいり》の残《ざん》なり」（十過篇）

小さな利益にこだわると、大きな利益を失ってしまう。

先人たちもそれぞれに苦い経験をしたのであろう。だから、こんなことばを残してわれら後進を戒めているのである。だが、学習効果はあまりあがっていない。頭ではわかっていても、目の前に小利をちらつかされると、つい手を出して、あとで「しまった」と思う。そんな例が依然としてあとを絶たないではないか。

そこで必要になるのが大局的な判断である。これを常に磨いていきたい。

むろん経営には、小利を積み重ねていく手法もあることはある。だが、これだけに頼っていたのでは、先細りになる恐れがある。同時に、先々大利を生みそうなものを探し出して、そこに経営資源を投入することも考えられていいのではないか。

八、功績は心のなかに

孟子反《もうしはん》、伐《ほこ》らず。奔《はし》りて殿《でん》たり。将《まさ》に門《もん》に入《い》らんとするや、その馬《うま》に策《むちう》ちて曰《いわ》く、「敢《あえ》て後《おく》るるには非《あら》ざるなり。馬《うま》進《すす》まざるなり」

▼孟子反不伐。奔而殿。将入門、策其馬曰、非敢後也。馬不進也。（雍也篇）

孟子反は、まことに謙虚な人物である。敗け戦にさいしてみごとに殿《しんがり》をつとめながら、城門まで引きあげてくると、馬に一鞭くれながら、こう語った。「自分から殿を買って出たわけではない。これ、このとおり、馬が走ってくれなかったのだ」

孟子反は魯の国の勇士。敗け戦のなかで殿《しんがり》を買って出たのだという。

殿とは、最後まで踏みとどまって敵の追撃をくいとめ、味方の撤退を援護する仕事である。全軍玉砕になることも珍しくない。孟子反はみごとその役割を果たして引きあげてきたが、いささかもその功績を誇らなかったのだという。

この話はたぶん国中の評判になり孔子の耳にも入ったのであろう。その話がこんなかたちで孔子の口から語られているのは、孔子もまた孟子反の功績を誇らない謙虚な人柄をよしとしたからにちがいない。

『書経』という古典に、こんなことばがある。

「その善《ぜん》ありとせば、その善《ぜん》を喪《うしな》い、その能《のう》を矜《ほこ》れば、その功《こう》を喪《うしな》う」(説命中篇)

いささかの善行を鼻にかけたりすれば、その善行まで失ってしまう。いささかの能力をひけらかしたりすれば、せっかくの功績まで失ってしまう。

殷王朝を支えた傅説《ふえつ》という名宰相の語ったことばだという。

現代でも、やり手の人物が自滅するのは、こういうことが原因となっているのではないか。そうならないためには、能力や功績のある人ほど謙虚であってほしいというのである。

ちなみに、謙虚の反対が傲慢である。傲慢がなぜいけないのか。体中から発する臭気によって、近づいてくる人間まで遠ざけてしまうからである。これでは周りの支持など得られるわけがないではないか。

ただし、謙虚であってほしいといっても、度が過ぎると、やたらへいこらして卑屈になってしまう。できれば、謙虚でありながら、毅然としている、このレベルをめざしてほしい。

九、好きになってこそ見えてくる

これを知《し》る者《もの》はこれを好《この》む者《もの》に如《し》かず。これを好《この》む者《もの》はこれを楽《たの》しむ者《もの》に如《し》かず。

▼知之者、不如好之者。好之者、不如楽之者。（雍也篇）

理解することは、愛好することの深さに及ばない。愛好することは、楽しむことの深さに及ばない。

仕事にしても、いやいやしていたのでは進歩も向上もないし、成果もあがらない。見ているほうまで辛くなる。

諺にも「好きこそものの上手なれ」とある。その上、楽しむ余裕が出てくれば申し分ない。ストレスもなく、能率もあがるのではないか。

いつか知り合いの経営者と閑談したさいに、

「いやあ、私は仕事が楽しいんですよ」

と語るのを聞いて、

「こんな人もいるんだなあ」

とわが身と引き比べて感じ入ったことがある。

私はと言えば、長いこと仕事を続けてきていながら、楽しむ境地になれたことは一度もない。浅学非才な上に、根がずぼらなものだから、いつも締め切りに追われて、あっぷあっぷしてきた。

『呻吟語』という古典に、こんなことばがある。

「天下の事を幹《な》すには、期限を以《も》って自《みずか》ら寛《ゆるや》かにするなかれ。事には測られざるあり。時には給《た》らざるあり。常に期限の内に余りあれば、多少の受用《じゅよう》の処《ところ》あり」（応務篇）

物事を処理するには、何事につけ、期限まではまだ間があるからと、のんびり構えていてはならない。先行きどんな事態が生じるかわからないし、時間に迫られることも少なくない。期限が来ないうちに余裕を持って処理すれば、それに伴う効用もずいぶん大きいはずである。

仕事に楽しみを見出すためにも、この程度の余裕がほしいのだという。私も十年くらい前から、せめてこれくらいはと心がけてきたつもりであるが、日暮れて道遠しの感を禁じえないでいる。

十、報酬は二の次だ

君《きみ》に事《つか》えては、その事《こと》を敬《つつし》みてその食《しょく》を後《あと》にす。

▼事君、敬其事而後其食。（衛霊公篇）

仕官したら、何よりもまず与えられた職責を果たすことだ。報酬はそのあとで考えればよい。

孔子の時代は、仕えるといっても、相手は君主とか家老とか、政治の場くらいしかなかった。その点に留意する必要はあるが、現代でも当てはまる部分があるのではないか。

報酬に対する不満は、いつの時代にもあったのであろう。現代でも口に出しては言わないものの、これだけ働いているのだから、もっと評価されて然るべきだ、と思っている人が少なくないはずである。しかし、使う側の評価はまた違っているかもしれない。

そんな相手に認めてもらうためには、もっと実績を積み重ねていく必要がある。報酬はその後からついてくるものと心得たい。それでも認めてもらえなかったら、転身という選択肢もあるのではないか。不満を抱きながら、ずるずると止まっていても、あまり得るところはない。

ちなみに『孟子』は、こんなことを語っている。

「仕《つか》うるは貧《ひん》の為《ため》に非《あら》ざるなり。而《しか》れども時《とき》ありてか貧《ひん》の為《ため》にす。妻《つま》を娶《めと》るは養《やしな》いの為《ため》に非《あら》ざるなり。而《しか》れども時《とき》ありてか養《やしな》いの為《ため》にす」(万章篇)

仕官するのは、生活のためではない。しかし、時には生活のために仕官しなければならない場合もある。妻を娶《めと》るのは、身のまわりの世話をさせるためではない。しかし、時にはそのために娶らなければならないときもある。

こう語ったあとで『孟子』は「ただし、生活のために仕えるなら、なるべく低い地位に甘んずべきだ」と付け加えている。これも一つの見識と言ってよい。

いつの時代でもリーダーには多かれ少なかれ自己犠牲が伴うのである。そういう自覚のない人がリーダーになると、本人も困るし、周りも迷惑する。

自分の生活を優先させる人は、もともとリーダーには向いていないのかもしれない。

十一、腹をくくる

譬《たと》えば山《やま》を為《つく》るが如《ごと》し。未《いま》だ一簣《いっき》を成《な》さざるも、止《や》むるは吾《わ》が止《や》むるなり。譬《たと》えば地《ち》を平《たい》らかにするが如《ごと》し。一簣《いっき》を覆《くつがえ》すと雖《いえど》も、進《すす》むは吾《わ》が往《ゆ》くなり。

▼譬如為山。未成一簣、止吾止也。譬如平地。雖覆一簣、進吾往也。（子罕篇）

築山をつくるとする。あと簣《もっこ》一杯分で完成するのに、そこで止《や》めてしまう。止めたのは自分である。

地ならしをするとする。まだ簣一杯分しか運んでいないにしても、始めたことには変わりがない。始めたのは自分である。

新しい事業に乗り出したが成功させることができなかった。そんなケースを二つあげている。

一、あと一歩のところまでこぎつけたのに、そこで力尽きて投げ出してしまう

一、始めたばかりなのに、早々と見切りをつけてやめてしまう

見通しが甘かった、計画が杜撰《ずさん》だったなど、それぞれに原因があるはずだが、それもこれもすべて自分の責任なのだという。

こんなとき、ややもすると原因を人のせいにしたり、運が悪かった、などと弁解したりして、自分の責任を認めたがらないのが人間の常である。これでは挫折の経験から何も学ぶことができない。

挫折や失敗は誰にでもあるのである。その原因をしっかりと分析し、反省すべきは反省して、苦い経験を次の仕事に活かしていきたい。

十二、一緒に働きたい人

鄙《ひ》夫《ふ》は与《とも》に君《きみ》に事《つか》うべけんや。その未《いま》だこれを得《え》ざるや、これを得《え》んことを患《うれ》い、すでにこれを得《う》れば、これを失《うしな》わんことを患《うれ》う。苟《いやしく》もこれを失《うしな》わんことを患《うれ》うれば、至《いた》らざる所《ところ》なし。

▼鄙夫可与事君也与哉。其未得之也、患得之、既得之、患失之。苟患失之、無所不至矣。（陽貨篇）

心根の卑しい男とは、職場を共にしたくない。なぜなら、就職するまでは職を手に入れようとじたばたし、いったん職にありつくと、今度はクビの心配ばかりしているからだ。こうなると、どんな恥知らずなことでもやりかねない。

上司にしても同僚にしても、こういうタイプの人間とは一緒に仕事をしたくないのだという。孔子ならずとも、そう願いたいところである。

孔子という人は聖人君子のイメージで語られてきたが、こんなことをはっきり口にするあたり、人間臭さが感じられて、かえって親近感を覚えるではないか。

なお、孔子がどんな人間を嫌ったのか、こんな問答も記録されている。

子貢曰《しこういわ》く、「君子《くんし》もまた悪《にく》むことあるか」。

子曰《しいわ》く、「悪《にく》むことあり。人《ひと》の悪《あく》を称《しょう》する者《もの》を悪《にく》む。下流《かりゅう》に居《お》りて上《かみ》を訕《そし》る者《もの》を悪《にく》む。勇《ゆう》にして礼《れい》なき者《もの》を悪《にく》む。果敢《かかん》にして窒《ふさ》がる者を悪《にく》む」（陽貨篇）

子貢という弟子がたずねた。

「先生でも嫌いな人間がいますか」

孔子が答えた。

「いるとも。他人の欠点を吹聴して歩く者。上司の陰口をたたく者。血気にはやってハメをはずす者。自分勝手で協調性に欠けている者。こんな連中は嫌いだよ」

肯《うなず》けるものがあるではないか。いずれも社会人失格と言ってよい。顧みて自分はどうなのか。せめて、自分がこうならないように自戒したいところである。

第五章

壁を乗り越え、たくましく生きる

私どもの長い人生は、
必ずしも順風のときばかりとは限らない。
心ならずも逆境に沈み、
不遇に泣くときもあるだろう。
そういった人生のさまざまな局面で、
目の前に現れる壁とどのように向き合い、
乗り越えていけばよいのか。
経験者のアドバイスを取りあげてみた。

一、武器を磨く

位《くらい》なきを患《うれ》えず、立《た》つ所以《ゆえん》を患《うれ》う。己《おのれ》を知《し》るなきを患《うれ》えず、知《し》るべきを為《な》さんことを求《もと》むるなり。

▼不患無位、患所以立。不患莫己知、求為可知也。（里仁篇）

地位のないことを気に病《や》む必要はない。それよりも、実力を身につけることが肝心だ。人から認められないことを気に病む必要はない。それよりも、認めてもらえるような仕事をすることが先決だ。

孔子という人は貧困のなかで育ちながら学問を修め、やがて政治に志を立てる。学んだことを政治の場で実践し、世のため人のために尽くそうとしてのことであった。だが、チャンスは容易にめぐってこなかった。さすがの孔子もあせりがつのっていく。

ちょうど五十歳のときのことだという。魯の実力者が反乱を起こし、孔子にも参加を求めてきた。「チャンス到来」とばかり、孔子はそれに応じようとする。

それを見て、例の子路という弟子が食ってかかった。

「とんでもないことです。何を好んで反乱に加担されるのですか」

孔子はこう答えている。

「それ我《われ》を召《まね》く者《もの》にして、豈《あ》に徒《ただ》ならんや。如《も》し我《われ》を用《もち》うる者《もの》あらば、吾《われ》それ東周《とうしゅう》を為《な》さんか」（陽貨篇）

私を招くからには、必ず何か考えがあってのことにちがいない。誰でもよい、私を使ってくれる者がいたら、この手で周《しゅう》の理想の政治を再現してみたいのだ。

当時の五十歳といえば、もはや人生の黄昏《たそがれ》に近かった。孔子としてもそれを意識せざるをえない。

ちなみに孔子はどんな事情があったのか、このときは参加を見合わせている。そして、ようやくチャンスを掴んで魯の国の要職に登用されたのは、それから二年後のことであった。

ここに取りあげたことばは、そういう人物の述懐である。弟子たちに語りかけているというよりは自分に言い聞かせているような趣があるではないか。

むろん、自分を磨いてもチャンスに恵まれるかどうかはわからない。だが、磨いておけばそれだけチャンスを掴める可能性は高くなる。逆に、磨く努力を怠ったのでは、何事も始まらないことは目に見えている。

自分の人生をどちらに賭けるかである。

二、心に火をつける

三軍《さんぐん》も帥《すい》を奪《うば》うべきなり。匹夫《ひっぷ》も志《こころざし》を奪《うば》うべからざるなり。

▼三軍可奪帥也。匹夫不可奪志也。（子罕篇）

どんな大軍でも、その司令官を捕虜としてつかまえることができる。だが、どんな人間でも、その志だけは奪い取ることができない。


「匹夫」とは、地位も名誉もない、ごく普通の人間を指している。

また、「志」とは人生の目標を立て、それに向かってチャレンジすることである。

どんな人間でも、これを持ってほしいのだという。たしかにこれがなかったのでは、せっかくの人生も酔生夢死に終わってしまうかもしれない。

念のため、「知行合一《ちこうごういつ》」の陽明学を唱えた王陽明《おうようめい》のことばを引いておこう。

「志《こころざし》立《た》たざるは、舵《かじ》なきの舟《ふね》、銜《くつわ》なきの馬《うま》の如《ごと》し。漂蕩奔逸《ひょうとうほんいつ》して、終《つい》にまた何《なん》の底《いた》る所《ところ》ぞや」(『王文成公全書』巻二十六巻)

志が立っていないのは、舵のない舟や銜をはめていない馬のようなもの。波のままに漂《ただよ》ったり、勝手に走り出したりして、どこに行き着くかわからない。

何事かを成し遂げるためには、志をしっかり立てて取り組んでほしいのだという。王陽明が弟子たちを励ましたことばである。

理想としては、生涯を通しての目標ということであろうが、現代のような変化の激しい時代にあっては持ちにくい。とりあえずは三十代の十年、四十代の十年といった具合に、十年単位の目標でどうだろう。ただし、さらに老齢になると、これもむずかしくなる。せめて一年単位の目標でもいいのではないか。

そんな目標でも、ないよりははるかにましである。なんでもいいから、自分なりの目標を持って生きることができれば、仮に達成できなかったとしても、充実した時を刻むことができるであろう。

この志は、不遇な状態に陥ると、当面の生活にかまけて、つい忘れられてしまう。むしろ、雌伏のときこそ、しっかりと持ち続けていきたいものである。

自分を支える力になってくれるかもしれない。

三、真価が試されるとき

歳寒《としさむ》くして、然《しか》る後《のち》に松柏《しょうはく》の彫《しぼ》むに後《おく》るるを知《し》るなり。

▼歳寒、然後知松柏之後彫也。（子罕篇）

冬の寒さが厳しくなったときに、はじめて松や柏《はく》がいつまでも彫《しぼ》まないで寒気に耐えているのが確認できるのである。

「柏」とは、日本の「かしわ」とは違って常緑樹である。中国に行くと、霊廟や仏閣の囲いとして植えられているのをよく見かける。

松や柏が寒気に耐えて青々と枝葉を広げているように、人間の真価も不遇なときに発揮されるのだという、

孔子のこのことばから、すぐに連想されるのが『後漢書《ごかんじょ》』に出てくる次のことば

である。

「疾風《しっぷう》に勁草《けいそう》を知《し》る」（王覇伝）

嵐が吹き荒れるときになって、はじめて強い草の真価がわかる。

平穏なときには、強い草も弱い草も見分けがつかない。だが、天候が一変して嵐になると、弱い草はとたんに突っ伏してしまうのに対し、強い草はすっくと頭をもたげて立っている。人間もそれと同じこと、逆境に陥ったときに、その人の真価が現れるのだという。

孔子の言わんとしたことと、趣旨はまったく同じである。

調子のいいときには、自信満々、肩で風を切って歩いているが、一度逆境に陥ると、がっくりと肩を落として元気をなくしてしまう人がいる。こんな生き方をしていたのでは、ずるずると沈んでいく恐れがある。

むしろ調子の波に乗っているときは謙虚に肩を落とし、逆境のときこそピンと背筋を伸ばして歩く。こんな生き方を心がければ、おのずから新しい展望も開けていくのではないか。

では、「松柏」のたくましさを身につけるにはどうすればよいのか。

当然のことながら、あまり恵まれた生活やらくな仕事ばかりしていたのでは、身につかない。苦労に直面し、その苦労をバネにして自分を鍛えていくことが望まれるのである。

ふだんから足腰を鍛え、体質を強化して、やがて来る厳しい寒さに備えたい。

四、窮しても取り乱さない

陳《ちん》に在《あ》りて糧《りょう》を絶《た》つ。従者《じゅうしゃ》病《や》みて能《よ》く興《た》つなし。子路《しろ》慍《いか》り、見《まみ》えて曰《いわ》く、「君子《くんし》もまた窮《きゅう》することあるか」。子《し》曰《いわ》く、「君子《くんし》固《もと》より窮《きゅう》す。小人《しょうじん》窮《きゅう》すればここに濫《らん》す」

▼在陳絶糧。従者病、莫能興。子路慍、見曰、君子亦有窮乎。子曰、君子固窮。小人窮斯濫矣。（衛霊公篇）

孔子の一行が陳の国で飢えに迫られたときのことである。弟子たちは疲れはてて立ちあがることもできない。腹を立てた子路が孔子に食ってかかった。

「君子でも窮することがあるのですか」

孔子が答えるには、「むろん、君子でも窮することがある。だが、小人は窮すると取り乱す。そこが違うところだよ」

孔子は晩年、弟子たちを引きつれて諸国を遊説し、理想とする政治の実現を説いてまわる。たまたま陳《ちん》という小国に滞在中のこと、南にあった楚《そ》という大国の招きを受けて赴くことになった。それを警戒した陳は、隣国の蔡《さい》とはかり、軍をさし向けて孔子の一行を包囲し、出国を阻止しようとする。一行は荒野のなかで立ち往生し、やがて食糧も尽きはて、行き倒れ寸前のありさまとなった。

これを「陳蔡の厄《やく》」といい、孔子の生涯のなかでも最大の危機であったとされる。これはそのときの話である。『史記』によれば、こんなピンチに陥っても、孔子だけはまったく動じる気配がなく、いつもと同じように詩を講じたり、琴を奏でながら歌をうたったりしていたのだという。

その点小人は、進退きわまるようなピンチになると「濫す」、すなわち取り乱してしまうのだという。取り乱すとは、たとえば、

一、感情をコントロールできない
一、動転して冷静な判断ができなくなる
一、やってはならないことに手を出す

といったことであろう。

あえて小人とは言うまい、よほどの人物でもこうなってしまう。ところが君子は、そんな事態になっても、冷静に淡々と対処するのだという。そのためにはふだんから修養を積んで人間力に磨きをかけておかなければならない。

それで思い出すのだが、近年、不祥事らしいものを起こした企業の社長さんが、テレビなどで謝罪会見をさせられる場面を目にすることがある。見ていると、途中で泣き出す人もいるではないか。こみあげる感情を抑えきれないのかもしれないが、あれはいけない。ああいうところで泣き出すのは、自分がいかに頼りないリーダーであるかをみずから語っているようなものである。

指導する立ち場に立ったならば、泣いたりせずに、謝るべきことは謝り、主張すべきことは主張してほしい。そのほうがかえって信頼性を高めることができるのではないか。

五、じたばたしない

直《ちょく》なるかな史魚《しぎょ》。邦《くに》に道《みち》あれば矢《や》の如《ごと》く、邦《くに》に道《みち》なきも矢《や》の如《ごと》し。君子《くんし》なるかな蘧伯玉《きょはくぎょく》。邦《くに》に道《みち》あれば則《すなわ》ち仕《つか》え、邦《くに》に道《みち》なければ則《すなわ》ち巻《ま》きてこれを懐《ふところ》にすべし。

▼直哉史魚。邦有道如矢、邦無道如矢。君子哉蘧伯玉。邦有道則仕、邦無道則可巻而懐之。
（衛霊公篇）

史魚はまっすぐな人物だ。道義が守られている時代にも見失われている時代にも、一本の矢のように生きた。その点、蘧伯玉は違っている。道義が守られている時代には表に出て手腕を発揮したが、道義が見失われたと見るや、才能を内に秘めて表に出なかった。これこそ君子の生き方である。

史魚も蘧伯玉も孔子と同時代の人で、衛《えい》の国の重臣であった。この二人はそれぞれに違った生き方で時代に処した。いずれも立派な人生と言うべきだが、孔子の共感はより多く蘧伯玉のほうに寄せられている。

史魚については詳しいことはわからないが、蘧伯玉についてはやはり『論語』のなかに、こんなエピソードが紹介されている。

衛の蘧伯玉のところから孔子のもとに使者がやってきた。孔子は使者に席をすすめてから、

「近ごろ、ご主人はどうしておられますか」

とたずねた。使者が答えるには、

「はい、主人は過ちを少なくしようと努力しておりますが、まだその甲斐がないようでございます」

孔子は使者が帰ってからこう語った。

「主人も立派だが、あの使いもなかなかのものだ」（憲問篇）

さて、その蘧伯玉の出処進退であるが、道義うんぬんはともかくとして、野に下ったときの生き方に学びたい。

現代でも、内部の勢力争いに巻き込まれたり、トップの逆鱗にふれたりして、閑職に追いやられることがある。そんな時期をどう過ごせばよいのか。

腐ることもないし、あせることもない。変にじたばたしないで、じっくりと自分を磨けばよいのである。

情勢は常に変化しているのである。力をたくわえながら、情勢の変化を待ちたい。

六、たゆまずに準備せよ

三年《さんねん》学《まな》びて穀《こく》に至《いた》らざるは、得易《えやす》からず。

▼三年学、不至於穀、不易得也。（泰伯篇）

三年もみっちり勉強すれば、誰でも仕官の口ぐらいは見つけることができる。

孔子塾は君子の養成所だと言った。

比較的早い時期に入門してきた弟子たちは、それぞれバイタリティにあふれていて、仕官などはあまり念頭になかった。しかし、孔子の声望が高まってから入塾してきた後期の弟子たちは、多かれ少なかれ、孔子塾で学べばよい就職口を斡旋してもらえるのではないか、という期待を抱くようになっていったらしい。

このことばはそういう弟子たちに語りかけたものである。

まず、自分を磨け。しっかり勉強を続けていれば、仕官の口など向こうからやってくるぞ、というのである。孔子自身そういう苦労をした人物であったから、言われた弟子たちも十分納得できたのではないか。

ただし、一度仕官したからといって、いつまでも安泰だという保証は何もない。とくに現代は、あまりにも不確定な要素が多過ぎる。安閑としていたのでは、いつなんどき坂道を転げ落ちていくかわからない。

そういう時代をたくましく生き抜くためには、晴れてよし、曇ってよし、さらにはどしゃ降りにも耐えられるような全天候型の人間をめざす必要がある。そのためには、キャリアを積み、付加価値を高める努力を怠ってはならない。

これなら予期せぬ逆境に陥っても、巻き返していくことができるのではないか。

第六章

人の心を掴み、力強く成功をめざす

徳のある君子は、いずれそれに応じた
然るべき地位につくことが想定されていた。
だから、これまで取りあげてきた君子論は、
ほぼリーダー論と重なっている。
人を動かし大事を成す、あらまほしきリーダー像とは
どのようなものだろうか。
それを補足する意味で、少し別の角度から、
改めてリーダーの条件についてふれておきたい。

一、視野は広く、意志は強く

士《し》は以《も》って弘毅《こうき》ならざるべからず。任重《にんおも》くして道遠《みちとお》し。仁《じん》以《も》って己《おのれ》が任《にん》となす。また重《おも》からずや。死《し》して後已《のちや》む。また遠《とお》からずや。

▼士不可以不弘毅。任重而道遠。仁以為己任。不亦重乎。死而後已。不亦遠乎。（泰伯篇）

指導的立場にいる人物は、広い視野と強い意志力を持たなければならない。なぜなら、責任が重く、道も遠いからである。なにしろ、「仁」の実現をわが仕事とするのだ。重い責任と言わざるをえないではないか。さらにそういう責任を背負って死ぬまで歩き続けていくのだ。遠い道と言わざるをえないではないか。

曾子《そうし》という弟子が語ったことばである。「士は以って弘毅ならざるべからず」の一句があまりにも有名なので、取りあげておいた。

「士」は身分から言えば庶民の上で、支配階級の末端に位置していた。そこから、学問や道徳を身につけたひとかどの人物を指すようになる。現代風に言えば、リーダーと言ってよい。

そういう立場の人物は「弘毅」でなければならないのだという。

「弘」という字は「ひろし」と読ませる。何が広いのかというと、ものを見る視野である。つまり「弘」は広い視野ということになる。

また、「毅」は「つよし」と読ませる。何が強いのかというと、意志力である。つまり、困難にあってもへこたれない、壁にぶつかってもたじろがない、そういう強い意志力が「毅」にほかならない。

まず「弘」であるが、視野が狭いと、小さな世界に安住して、自己満足に陥っていく。

「夜郎自大」ということばがある。

昔、中国の南西地方に夜郎という小さい国があった。その国の王様が漢帝国からやってきた使者に向かって、

「わが国と貴国とではどちらが大きいか」

とたずねたのだという。

夜郎国と漢帝国とでは月とスッポンほどの違いがあった。そんなことも知らないで、小さな世界でふんぞり返っている王様を笑ったのが、「夜郎自大」ということばである。

現代でも、時折こんなリーダーを見かけることがある。これでは進歩も向上も期待できないことは言うまでもない。

「毅」については、その人の性格もかかわってくるのだが、困難を乗り越えていくことによって、かなりの程度鍛えられていくのではないか。そういう意味でも苦労から逃げるな、と言いたいのである。

今、困難の只中にあるなら、これもまた天の試練なのか、と受けとめ、苦労をバネにして粘り腰に磨きをかけていきたい。

二、交渉力を磨く

子貢《しこう》問《と》いて曰《いわ》く、「何如《いかん》ぞこれこれを士《し》と謂《い》うべき」。子《し》曰《いわ》く、「己《おのれ》を行《おこ》なうに恥《はじ》あり、四方《しほう》に使《つか》いして君命《くんめい》を辱《はずかし》めず、士《し》と謂《い》うべし」。曰《いわ》く、「敢《あえ》てその次《つぎ》を問《と》う」。曰《いわ》く、「宗族《そうぞく》は孝《こう》を称《しょう》し、郷党《きょうとう》は弟《てい》を称《しょう》す」。曰《いわ》く、「敢《あえ》てその次《つぎ》を問《と》う」。曰《いわ》く、「言必《げんかなら》ず信《しん》、行必《こうかなら》ず果《か》。硜硜然《こうこうぜん》として小人《しょうじん》なるかな。抑《そもそ》もまた以《も》って次《つぎ》となすべし」。曰《いわ》く、「今《いま》の政《せい》に従《したが》う者《もの》は何如《いかん》」。子《し》曰《いわ》く、「噫《ああ》、斗筲《としょう》の人《ひと》、何《なん》ぞ算《かぞ》うるに足《た》らんや」

▼子貢問曰、何如斯可謂之士矣。子曰、行己有恥、使於四方、不辱君命、可謂士矣。曰、敢問其次。曰、宗族称孝焉、郷党称弟焉。曰、敢問其次。曰、言必信、行必果。硜硜然小人哉。抑亦可以為次矣。曰、今之従政者何如。子曰、噫、斗筲之人、何足算也。（子路篇）

子貢という弟子がたずねた。

「指導者には、どんな条件が必要でしょうか」

孔子が答えるには、

「良心に恥じるような行動はしない。しかも、諸外国に遣《つか》わされてしっかりと君命を果たしてくる。これなら十分であろう」

「もう少し程度を下げますと、どうでしょう」

「そうだね。身内の者からは親孝行なやつだと認められ、村の人々からは目上の者によく仕えていると誉められる。これならまあまあである」

「さらに程度を下げますと、どうなりますか」

「約束したことは必ず守り、やりかけた仕事は最後までやり抜く。これはまあ、融通のきかない小人物ではあるが、なんとか合格にしてやってもよいだろう」

「では、今の政治家はどうでしょうか」

「どれもこれも小物ばかりだ。話にならんよ」

「士」の条件として、ここで真っ先にあげられているのが、「四方に使いして君命を辱めず」である。今ならさしずめ、しっかりした外交交渉をして国民の負託に応えられる人物といったところであろう。

「なぜ外交交渉なのか」と、あるいは違和感を覚える人もいるかもしれない。

中国流は伝統的に武力の行使よりも外交交渉に重きを置いてきた。だから外交交渉には、武力の行使以上に国の命運がかかっていたのである。

たとえば『孫子』の兵法である。孔子と同時代を生きた孫武という軍師の著作だとされるが、そのなかにこんなことばがある。

「百戦百勝《ひゃくせんひゃくしょう》は善《ぜん》の善《ぜん》なるものに非《あら》ず。戦《たたか》わずして人《ひと》の兵《へい》を屈《くっ》するは善《ぜん》の善《ぜん》なるものなり」（謀攻篇）

百回戦って百回勝ったとしても、最善の策とは言えない。武力を使わないで敵を降服させるのが最善の策である。

戦わないで勝つのが理想なのだという。そのためには、当然のことながら外交交渉に重きを置かざるをえない。これなら武力を行使するまでもなく、こちらの目的を達することができる。

孔子も外交交渉を重視した。「士」の条件として、真っ先に「四方に使いして君命を辱めず」をあげたのは、その表れであったにちがいない。

現代で言えば、たとえば会社の看板を背負って他社との交渉にあたったとする。相手から、

「さすがだなぁ。○○社さんにはこんな人物もいたのか」

と認めてもらえるような交渉をしてほしいのである。そのためにはふだんから交渉力に磨きをかけておかなければならない。

これもまたリーダーにとっては大事な条件なのだという。

第二には「孝」と「弟（悌）」である。

「孝」とは、言うまでもなく親孝行である。「弟」とは弟が兄に仕えること、さらに

は目下の者が目上の者に仕えることを指している。

どちらも儒教道徳の重んじたことである。この二つの条件を備えているだけでも、信頼できる人物だとして、高い評価を受けたのであろう。

第三は、「言必ず信。行必ず果」である。約束したことは必ず守り、やりかけた仕事は最後までやり抜くと言うのだから、なかなかの人物と言ってよい。だが、孔子の評価は条件付きである。堅物に過ぎて、柔軟性に欠けているということらしい。

のちに孔子の教えを受け継いだ孟子が、このことばを念頭に置きながらこう語っている。


「大人《たいじん》は、言《げん》必《かなら》ずしも信《しん》ならず、行《こう》必《かなら》ずしも果《か》ならず、惟《た》だ義《ぎ》の在《あ》る所《ところ》のままなり」

（『孟子』離婁《りろう》篇）


大きな徳を身につけた人物は、必ずしも約束したことを守るわけではないし、やりかけた仕事を最後までやり抜くわけでもない。いついかなるときでも、「義」にかなった行動を選択するのである。

「義」、すなわち人の道さえ踏みはずさなければ、あとはそのときどきの判断で柔軟に対処してよいのだという。孔子もこれについては同じ思いであったにちがいない。

三、知、仁、荘、礼をもって接する

知《ち》これに及《およ》ぶも、仁《じん》これを守《まも》る能《あた》わざれば、これを得《う》ると雖《いえど》も、必《かなら》ずこれを失《うしな》う。知《ち》これに及《およ》び、仁《じん》能《よ》くこれを守《まも》るも、荘《そう》以《も》ってこれに涖《のぞ》まざれば、則《すなわ》ち民《たみ》敬《けい》せず。知《ち》これに及《およ》び、仁《じん》能《よ》くこれを守《まも》り、荘《そう》以《も》ってこれに涖《のぞ》むも、これを動《うご》かすに礼《れい》を以《も》ってせざれば、未《いま》だ善《よ》からざるなり。

▼知及之、仁不能守之、雖得之、必失之。知及之、仁能守之、不荘以涖之、則民不敬。知及之、仁能守之、荘以涖之、動之不以礼、未善也。（衛霊公篇）

経営手腕に富んでいても、仁の心に欠けていたのでは、一時はうまくいっても長

続きしない。経営手腕に富み仁の心があっても、威厳に欠けていたのでは、下の者から侮《あなど》られる。経営手腕、仁の心、威厳を併せ持っていても、下の者に「礼」をもって接しなければ、まだ十分ではない。

ここでは、リーダーの条件として「知」、「仁」、「荘」、「礼」の四つのことをあげている。

一、知

「知」とはすでに述べたように、たんなる知識ではなく、深い読みのできる能力を指している。人間を読む、状況を読む、先を読む、これらを読む力が「知」にほかならない。誤りのない決断を下すためにはこれを必要とする。当然これは政治手腕や経営手腕に結びついていく。

これらの手腕を身につけるためにも、日ごろから「知」に磨きをかけていかなければならない。

一、仁

「仁」についてもすでに述べた。相手の気持ち、相手の立場になって考えてやる思いやりの心である。これがないと周りの支持がえられない。

ただし、「仁」が過剰になると、情にほだされて厳しい決断をためらうようになる。トップやリーダーというのは、時には大を活かすためには小を殺さざるをえない、といった非情な決断を迫られる立場である。

「仁」でありながら、決断すべきときにはしっかりと決断できる、このレベルをめざしたい。

一、荘

「荘」とは人間としての重厚さである。重々しさと言ってもよい。これがあることによって、組織に対する抑えをきかせることができるのである。

だからといって、とって付けたようなわざとらしいものでは、かえって逆効果になってしまう。穏やかな態度のなかに、さりげなくこういう雰囲気をかもし出すことができれば申し分ない。

一、礼

「礼」とは、たとえば君主が臣下を使う場合、いくら臣下だからといって虫ケラのような扱いはしない、同じ人間として遇するということである。人間扱いしないところからは、人は去っていくのである。これは昔も今も変わりがない。

四、正しい道を進めば

その身《み》正《ただ》しければ、令《れい》せずして行《おこ》なわる。
その身《み》正《ただ》しからざれば、令《れい》すと雖《いえど》も従《したが》わず。

▼其身正、不令而行。其身不正、雖令不従。（子路篇）

為政者が自分の姿勢を正しくすれば、命令するまでもなく実行される。自分の姿勢が間違っていると、どんなに命令しても人はついてこない。

上に立つ者はまずわが身を正せというのである。これもまた政治だけではなく、組織のリーダーすべてに当てはまるであろう。

孔子はまたこうも語っている。

「苟《いやしく》もその身を正さば、政《せい》に従うに於《お》いて何かあらん。その身を正す能《あた》わざれば、人を正すを如何《いかん》せん」（子路篇）

自分の姿勢を正すことができれば、政治をしていく上で、何もむずかしいことはない。自分の姿勢を正すことができなければ人を導いていくことはできない。

言わんとしている趣旨は二つとも同じである。

中国古典は、『論語』だけではなく、他の古典もまた多かれ少なかれリーダーはどうあるべきか、このテーマを取りあげている。言っていることはさまざまであるが、「まずわが身を正せ」という孔子のこのことばは、それらリーダー論の出発点であり、最後はまたここに帰ってくるのではないかと思う。

リーダーというのは、現代の管理職も含めて、部下から見られている立場である。部下から見ると、自分の仕えている管理職のよしあしはすぐにわかるのである。つまり管理職というのは、四六時中、そういう部下の厳しい視線にさらされていると言ってよい。

自分はそういう評価に堪えられるリーダーであるかどうか、時折は振り返ってみるとよいだろう。何か欠けている点に気づいたら、改めればよいのである。そんな努力を続けていけば、部下からの評価も高くなっていくのではないか。

五、部下を育てる

仲弓《ちゅうきゅう》、季氏《きし》の宰《さい》となり政《せい》を問《と》う。子曰《しいわ》く、「有司《ゆうし》を先《さき》にし、小過《しょうか》を赦《ゆる》し、賢才《けんさい》を挙《あ》げよ」。曰《いわ》く、「焉《いずく》んぞ賢《けん》才《さい》を知《し》りてこれを挙《あ》げん」。曰《いわ》く、「爾《なんじ》の知《し》る所《ところ》を挙《あ》げよ。爾《なんじ》の知《し》らざる所《ところ》は、人《ひと》それこれを舎《す》てんや」

▼仲弓為季氏宰、問政。子曰、先有司。赦小過。挙賢才。曰、焉知賢才而挙之。曰、挙爾所知。爾所不知、人其舎諸。（子路篇）

季氏（魯の国の重臣）の支配人に取り立てられた仲弓という弟子が、その心得についてたずねた。

孔子が答えるには、「部下の能力をうまく引き出してやること。小さな過ちは咎《とが》めないこと。それに人材の登用を心がけることだ」

「どうすれば人材を見出すことができますか」

「自分でこれぞと見込んだ人物を登用するがよい。そうすれば、お前の知らない人物でも、向こうから人が推薦してくるようになるよ」

これもリーダーの心得である。

リーダーというのは、自分が頑張るだけではつとまらない。どうすれば部下にやる気になって頑張ってもらえるのか、これを常に念頭に置いて日々の業務に取り組まなければならない。これができてはじめて名リーダーと言えるのである。

そのための心得として、孔子はここで三つのことをあげている。

一、能力を引き出す

人間は誰でも長所と短所を併せ持っている。長所を活かすためには、適材適所の使い方を心がける必要がある。「○○とハサミは使いようで切れる」とも言うではないか。使いようによっては、思いがけない力を発揮してくれるかもしれない。

一、小さな過ちは咎めない

人間は誰でも過ちを犯す。小さなことまで咎め立てされたのでは、やる気をなくしてしまう。むろん、叱ったり、注意したりしなければならないときもある。ただし、叱るにしても、同時に何かいい点を見つけて誉めてやる。そんな配慮があってもいい。これなら部下も汚名返上と頑張ってくれるのではないか。

一、人材の登用をはかる

今述べた二つのことの前提となる条件である。これはいつの時代でも叫ばれてきたが、その割に成果はあがっていない。なぜなのか。

一つには登用する側の眼力の問題である。

登用に値する人材なのかどうか、慎重に見極める必要がある。そのためには、人を見る目に磨きをかけておかなければならない。

もう一つは使い方である。今あげた二つのことに留意するだけでも、ずいぶん違っていくのではないか。

六、広い心とは

上《うえ》に居《お》りて寛《かん》ならず、礼《れい》を為《な》して敬《けい》せず、喪《も》に臨《のぞ》みて哀《かな》しまずんば、吾何《われなに》を以《も》ってこれを観《み》んや。

▼居上不寛、為礼不敬、臨喪不哀、吾何以観之哉。（八佾篇）

指導的立場におりながら寛容さに欠けている者、儀礼を行ないながら敬虔さを欠いている者、葬儀に列席しながら哀悼の気持ちを持たない者、こういう連中に見どころがあるとは思えない。

先に人間関係の大原則の一つが、「自分には厳しく、人には寛容に」だと述べた。ここに出てくる「寛」もまた人に対して寛容であれ、ということだ。これもまたリーダーにとっては大事な条件になるのだという。

なぜなのか。孔子のことばを引けば、こうである。

「寛なれば、則ち衆を得《う》」（陽貨篇）

寛容であってこそ人々の支持を集めることができる。

たしかに、小さなことまで目くじらを立てて咎めていたのでは、人は去っていくし、部下もついてこなくなる。

ただし、「寛」には問題がないではない。「寛」はいいのだが、行き過ぎると、なんでも「いいや、いいや」になっていく。そうなると、組織に対する抑えがきかなくなり、部下も伸びてこなくなる。組織管理に甘さが出てくるのだ。

そこで必要になるのが「厳」、すなわち信賞必罰の厳しさである。しかし、「厳」に過ぎると、今度は命令に従わせることはできても心服はされない。そこで必要になるのが「寛」である。要するに「寛」と「厳」のバランスをどうとるか、これが組織をまとめていくコツになる。

そしてその理想はといえば、『宋名臣言行録』という古典に出てくる次のことばである。

「寛にして畏《おそ》れられ、厳にして愛せらる」（張詠）

寛で臨みながら部下から畏れられ、厳で臨みながら部下から愛される。

普通は「寛」で臨むと愛され、「厳」で臨むと畏れられるのだが、理想は逆なのだという。

では、「寛」でありながら、なぜ畏れられるのか。「寛」のなかに「厳」を加味しているからである。「厳」でありながら、なぜ愛されるのか。「厳」のなかに「寛」を入れているからである。こんなかたちで「寛」と「厳」のバランスをとってほしいのだという。

現代のリーダーはとかく「寛」に流されやすいが、どこかに「厳」を入れてバランスをとってほしい。そうすれば、畏れられながらも愛されるリーダー像に近づくことができるであろう。

七、徳をもって治める

これを道《みちび》くに政《せい》を以《も》ってし、これを斉《ととの》うるに刑《けい》を以《も》ってすれば、民免《たみまぬが》れて恥《は》ずるなし。これを道《みちび》くに徳《とく》を以《も》ってし、これを斉《ととの》うるに礼《れい》を以《も》ってすれば、恥《は》ずるありて且《か》つ格《ただ》し。

▼道之以政、斉之以刑、民免而無恥。道之以徳、斉之以礼、有恥且格。（為政篇）

為政者が法律をふりかざし、刑罰で押さえ込もうとすれば、国民のほうも法律の抜け穴ばかり探し、恥を恥とも思わなくなる。逆に、徳によって感化し、「礼」によって規範を確立しようとすれば、国民のほうもおのずから恥を知るようになり、不正を働く者がいなくなる。

政治には、「徳治」と「法治」の二つの手法がある。「徳治」とは、上に立つ者が徳を身につけ、それを下々《しもじも》の者に及ばしていく手法である。そのさい必要とされるのが「礼」である。「礼」とは社会生活の規範であるが、「法」と違って罰則規定がない。これを教育によって教え込んでいくのだという。「法治」とは、読んで字のごとく「法」による統治である。「法」をつくり罰則規定を設け、守らない者には罰を科して秩序を維持していく手法を指している。

孔子のめざしたのは「徳治」であった。

ここで孔子は「法治」の欠点と「徳治」の長所を主張している。いずれももっともな指摘ではないか。

だが、孔子といえども「法」の必要なことを頭から否定しているわけではない。やむをえないものとして容認しているのである。ただし、「徳治」によって教育的指導を優先させ、足りないところを「法」によって補おうとしたのである。これが孔子の立場であった。

「徳治」は政治の理想と言ってよいかもしれない。だが、いつの時代でも理想は行なわれがたいのである。

孔子の教えを受け継いだのが孟子という思想家である。この人は孔子よりもいっそう鮮明に「徳治」による王道政治の理想を掲げて、各国の王に遊説して歩いた。なにしろ各国とも富国強兵をはかり、生き残りの競争に鎬《しのぎ》を削っていた時代である。孟子の説く理想に耳を傾けている余裕はない。

ある国の王などは孟子を評して「迂遠にして事情に疎《うと》し」（『史記』）と語ったという。現実に疎く、実際の役に立たない、と言うのである。

これでは遊説を成功させることなど望むべくもない。

孔子は同じ理想をめざしたといっても孟子よりははるかに柔軟であった。また、国際情勢も孟子の時代ほどは切迫していなかった。にもかかわらず、現実の厚い壁に阻まれて遊説は実を結ぶことなく終わっているのである。

では、政治に理想は必要ないのかと言えばそうではない。理想のない現実主義は常に堕落するのである。政治にしても然りである。

堕落に歯止めをかけるためにも、理想は理想として堅持していきたい。

八、信頼される心がけ

子《し》貢《こう》、政《せい》を問《と》う。子《し》曰《いわ》く、「食《しょく》を足《た》らし、兵《へい》を足《た》らし、民《たみ》これを信《しん》にす」。子《し》貢《こう》曰《いわ》く、「必《かなら》ず已《や》むを得《え》ずして去《さ》らば、この三者《さんしゃ》に於《お》いて何《なに》をか先《さき》にせん」。曰《いわ》く、「兵《へい》を去《さ》らん」。子《し》貢《こう》曰《いわ》く、「必《かなら》ず已《や》むを得《え》ずして去《さ》らば、この二者《にしゃ》に於《お》いて何《なに》をか先《さき》にせん」。曰《いわ》く、「食《しょく》を去《さ》らん。古《いにしえ》より皆死《みなし》あり。民《たみ》、信《しん》なくんば立《た》たず」

▼子貢問政。子曰、足食、足兵、民信之矣。子貢曰、必不得已而去、於斯三者何先。曰、去兵。子貢曰、必不得已而去、於斯二者何先。曰、去食。自古皆有死。民無信不立。（顔淵篇）

子貢という弟子が政治の課題についてたずねた。

孔子が答えるには、「食糧を確保すること、軍備を充実させること、そして、国民の信頼を得ること、この三つだよ」

「では、やむをえない事情があって、そのうちの一つを切り捨てなければならないとしたら、どれになりますか」

「軍備だよ」

「では、残りの二つのうち、切り捨てなければならないとしたら、どれになりますか」

「食糧だよ。人間はしょせん死を免れない。それにひきかえ、国民の信頼が失われたのでは、政治そのものが成り立たなくなる」

「信なくんば立たず」とは、今でもよく引かれることばである。国民の信頼をとりつけることが政治の最大の課題なのだという。これについてはあえて説明する必要もないであろう。

他の二つの課題について一言しておこう。

まず軍備の充実である。

孔子という人は軍事の専門家ではない。それは自認していた。
これについて『論語』のなかにこんなくだりがある。

衛《えい》の霊公《れいこう》、陳《じん》を孔子《こうし》に問《と》う。孔子《こうし》対《こた》えて曰《いわ》く、「俎豆《そとう》の事《こと》は、則《すなわ》ち嘗《かつ》てこれを聞《き》けり。軍旅《ぐんりょ》の事《こと》は、未《いま》だこれを学《まな》ばざるなり」。明日遂《めいじつつい》に行《ゆ》く。（衛雲公篇）

衛の霊公が軍事問題について孔子にたずねた。孔子は、
「『礼』についてはいささか心得ていますが、軍事についてはいっこうに存じません」
そう答えて、翌日、衛の国から立ち去った。

このような孔子が、ここでは政治の重要な課題の一つとして軍備の充実をあげていることに留意しておきたい。国として立っていく以上、軍備の必要なことは孔子もまた認めているのである。

今の日本はどうか。国の守りを他国にゆだねて、それに頼りきってのほほんとしているのは、やはりおかしいのではないか。せめて自分たちの国は自分たちで守る、それくらいの気概は持ちたいものである。

次は食糧の確保である。

この問題は食糧の満ちあふれている今の日本のような国に住んでいると、ピンとこないかもしれない。

中国の歴史は、大規模の水害や旱魃《かんばつ》によって大量の餓死者を出すという惨事を繰り返してきた。孔子の時代もそういう災害が少なくなかったにちがいない。それを解消するのが政治の課題なのだという。

現代でも餓死する国民が出ているにもかかわらず、それを尻目に、軍備の拡張に走ったり、政治闘争に明け暮れたりしている国々を見かけることがある。これでは為政者として失格なのかもしれない。

九、人のことばに耳を傾けよ

定公《ていこう》問《と》う、「一言《いちげん》にして以《も》って邦《くに》を興《おこ》すべきもの、これありや」。孔子《こうし》対《こた》えて曰《いわ》く、「言《げん》は以《も》って是《かく》の若《ごと》くそれ幾《ちか》かるべからざるなり。人《ひと》の言《げん》に曰《いわ》く、君《きみ》たるは難《かた》く、臣《しん》たるは易《やす》からずと。如《も》し君《きみ》たるの難《かた》きを知《し》らば、一言《いちげん》にして邦《くに》を興《おこ》すに幾《ちか》からずや」。曰《いわ》く、「一言《いちげん》にして邦《くに》を喪《ほろ》ぼすもの、これありや」。孔子《こうし》対《こた》えて曰《いわ》く、「言《げん》は以《も》って是《かく》の若《ごと》くそれ幾《ちか》かるべからざるなり。人《ひと》の言《げん》に曰《いわ》く、予《われ》、君《きみ》たるに楽《たの》しむなし。唯《た》だそれ言《い》いて予《われ》に違《たが》うなきなりと。如《も》しそれ善《ぜん》にしてこれに違《たが》う

なくんば、また善《よ》からずや。如《も》し不善《ふぜん》にして、これに違《たが》うなくんば、一言《いちげん》にして邦《くに》を喪《ほろ》ぼすに幾《ちか》からずや」

▼定公問、一言而可以興邦、有諸。孔子対曰、言不可以若是其幾也。人之言曰、為君難、為臣不易。如知為君之難也、不幾乎一言而興邦乎。曰、一言而可喪邦、有諸。孔子対曰、言不可以若是其幾也。人之言曰、予無楽乎為君。唯其言而莫予違也。如其善而莫之違也、不亦善乎。如不善而莫之違也、不幾乎一言而喪邦乎。(子路篇)

魯の定公がたずねた。

「何か一言で国を興すことができる、そんなことばがあるか」

孔子が答えた。「ぴったりと当てはまることばはありませんが、強いてあげれば『君主としてその地位を全うするのはむずかしい。臣下としてわが身を全うするのも容易ではない』ということばです。この意味をよく心得てかかれば、一言で国を興すことも夢ではありません」

「では、一言で国を滅ぼしてしまう、そんなことばがあるか」

「これもぴったりと当てはまることばはありませんが、ある国の王様がこんなことを語っています。『君主には楽しみなど何もない。いや、一つだけあるぞ。何を言っても反対するものがいないことじゃ』。強いて言えば、これが近いでしょう。まっとうなことを言って反対する者がいないのならいいのです。間違ったことを言っても反対する者がいないとあっては、この一言が国を滅ぼすことになりかねません」

ここで取りあげているのは、一国の政治をあずかる君主たる者の心得である。孔子はいささか奥歯にもののはさまったような言い方をしているが、要は、①責任の重さを自覚し、②臣下の意見に耳を傾けよ、ということであろう。

「帝王学」ということばがある、いつ誰が言い出したのか素性のはっきりしないことばだが、昔から「帝王学」の教科書として読み継がれてきたのが『貞観政要《じょうがんせいよう》』という古典である。孔子からずっと後の時代になるが、唐王朝の二代目の皇帝である太宗(李世民《りせいみん》)と重臣たちとの間で交わされた政治問答をまとめたものである。このなかにはトップたる者の心得の条がさまざまな角度から解き明かされている。

参考までに、その要点を紹介しておこう。

一、安きに居りて危うきを思う

今が平穏だからといって、明日どうなるかわからないのが世の常のこと。だから、平穏なときほど、いっそう緊張感を高めて仕事に取り組み、来るべき危機の時代に備えなければならない。

一、率先垂範、わが身を正す

孔子も「その身正しければ、令せずして行なわる」（子路篇）と語っているように、上に立つ者が十分な説得力を発揮するためには、まずみずからの身を正して手本を示さなければならない。そうあってこそ組織をまとめていくことができる。

一、部下の諫言に耳を傾ける

人間は誰でも過ちを犯す。君主といえども例外ではない。それを指摘してくれる者がいれば、過ちを最小限度にくいとめることができる。みずからの暴走に歯止めをかけるためにも諫言の道を広く開けておかなければならない。

一、自己コントロールに徹する

権力の座にあるからといって、わがまま勝手な振る舞いは許されない。自分の感情や欲望をどう抑えていくか。趣味や道楽などの楽しみごとも、おのずから限度を心得てかかりたい。

一、態度は謙虚に、発言は慎重に

上に立つ者が謙虚であってこそ周りの支持を集めることができる。また、地位に伴う責任の重さを自覚すれば、発言はいやでも慎重にならざるをえない。軽率な発言は許されないのである。

孔子の言いたかったことも、たぶんこれらの心得と重なっているはずである。そしてこれはまた政治だけではなく、広く組織のトップやリーダーに共有してほしい心得でもあることは言うまでもない。

十、意図を理解してもらうために

民《たみ》はこれに由《よ》らしむべし、これを知《し》らしむべからず。

▼民可使由之、不可使知之。（泰伯篇）

人民というのは、政府の施政方針に従わせることはできても、その理由まで理解させることはできない。

「民主主義の現代には当てはまらないのではないか」などと物議をかもしてきた一句である。

一言断わっておきたいのは、「由らしむべし」と読ませる「可」という字の意味である。この場合、「ねばならない」という意味ではなく、「可」のもともとの意味である「できる」と解釈したい。つまり、「由らしめることはできても、知らしめることはできない」と解するのである。これならこのことばから受ける違和感も少しは薄らぐのではないか。

もう一つ孔子のために弁ずれば、この人の時代、字が読めたり書けたりする層は全体の人口の一割にも満たなかった。政治に参加できる層はきわめて限られていたのである。だから、政治にたずさわる者がしっかりした政治をし、「民」にはその成果を楽しんでもらえばよかった。それでなんの不都合も生じなかったのである。

そういう意味では、孔子の語っているこのことばは、当時としてはむしろ開明的な政治理念であったと言えないこともない。

翻って思うに、「民」の参加の上に成り立っている民主主義も、けっして理想の制度とは言えない。長所もあれば短所もあるのだ。短所とは他でもない、ややもするとポピュリズム（大衆迎合）とか衆愚政治に堕していくことである。現代の日本の政治にもそんな欠点が見え隠れしている。

せっかくの民主主義を機能させるためにも「民」のレベルの底あげをはかる必要があるのではないか。

守屋 洋（もりや・ひろし）

著述家、中国文学者。
昭和7年、宮城県生まれ。東京都立大学大学院中国文学科修士課程修了。中国古典に精通する第一人者として、著述・講演などで活躍。研究のための学問ではなく、現代社会のなかで中国古典の知恵がどう活かされているのかを語り、難解になりがちな中国古典を平易な語り口でわかりやすく説く。SBI大学院で経営者・リーダー向けに中国古典の講義を続けるなど、広く支持されている。『[決定版] 菜根譚』『新釈 韓非子』『中国古典一日一言』(PHP研究所)、『孫子の兵法』『中国古典「一日一話」』（三笠書房)、『リーダーのための中国古典』（日本経済新聞出版社)、『「貞観政要」のリーダー学』（プレジデント社）など著書多数。

世界最高の人生指南書 論語
人生に革命を起こす最強の生き方

2017年3月13日　初版第1刷発行

著者　守屋 洋
発行者　小川 淳
発行所　ＳＢクリエイティブ株式会社
〒106-0032　東京都港区六本木2-4-5
電話　03-5549-1201（営業部）
装丁　水戸部 功
本文デザイン　ISSHIKI
DTP　明昌堂
編集担当　小倉 碧
印刷・製本　中央精版印刷株式会社

ISBN 978-4-7973-8919-7